JN115874

論語に導かれて

創造的チームラーニング

智、仁、礼、言の力の育成

中央大学名誉教授

田中　拓男

はじめに

　もし孔子が、DA ラーニングを展開しているゼミナール室に現れたなら、「子曰く」で、どのようなアドバイスや指導の言葉を教師や学生に送ってくれるのであろうか？

　本書では、この「もし孔子が登場！」（「もしこし」）というワクワクするような発想のもとで、自主的能動的に学習する学生にとって適切で有用と思われる孔子の言葉を論語から選び出し、章句の内容を紹介し吟味しながら、論語の知恵を生かした「ディープアクティブ（DA）ラーニング」のやり方を解説する。「子曰く」の章句は、累計で約３００（論語全体で５００余）も選び出しており、それらの章句の内容を丁寧に順次理解していくことで、孔子の人材育成論の全貌を明らかにする。本書は「孔子流学習手帳」である。
　なお、「DAラーニング」とは、前書『アクティブラーニング』で取り上げたものと同じ、学生の主体的実践的なチーム学習方法であるが、アクティブラーニングの最も進んだものとして「ディープアクティブ（DA）ラーニング」の呼称を使っている（松下佳代等編著『ディープ・アクティブラーニング』勁草書房, ２０１５年参照）。

論語と共通する基本目標と学習法
　論語では、教育の基本的な目標は、単に知識の詰め込みでなく、「智」「義」「仁」「礼」「言」などの徳を備えた知性の豊かな人間性の育成に置かれている。つまり、人材育成の最終的な目的とは、こうして育てられた秀れた人材によって現場で多様な社会問題を解決し、理想的な社会を実現させることなのである。
　DA ラーニングにおいても、前著で詳しく検討したように、次のような「人材基礎力」の鍛錬習得を目標にしている。すなわち、人材の「ヘッドワーク」、「ハートワーク」、「フットワーク」、「コミュニケーション・ネットワーク」の４つの「人材基礎力」を取り上げ、その基礎的な能力の育成を学習活動の基本的な目標にしている。これらの「人材基礎力」は、孔子が論語で重視する優れた人材の基本的な徳・能力である「智」「義」「仁」「礼」「言語コミュニケーション」とまったく同じ内容

のものである。

　学習活動の基本目標が両者で共通していれば、その育成のための学習法も必然的に同じようなものになる。学習活動では、既存の文献などの調査による徹底的な知識習得と、社会の現場に出て実施する実践的学習との両立が重視されており、学習者は、これらの情報知識の融合・再編成を行いながらサムシング・ニューの新しい問題解決法を模索し、苦しみ悩みながら新しい挑戦と深い思索を続けていく。これは、論語を通じて孔子が教えようとしている学習法でもあるのである。学習は、学修者の能動的主体的な活動に基づいて行われ、教師は倦まず傍にいて学生の創造的な学習活動を支援する。

論語の訳本および解説本

　論語は今まで多くの人々によって現代語に翻訳されている。本書は基本的には、最新の訳本である井波律子訳『完訳論語』（岩波書店、2015）に準拠した。訳者の井波先生に心より感謝を申し上げたい。「現代語」訳付きの章句を引用する場合には、学術的な引用の常としてすべて引用先ページ（たとえば「井波 100」と略記）を指示している。各章句に関して、原典およびより詳しい解説を知りたい読者は、『完訳論語』も合わせて読んでいただきたい。

　本書執筆の作業過程では、井波訳本に加えて主として「金谷治」訳本ならびに「貝塚茂樹」訳本他なども慎重に比較参考にした。また、論語の内容の読み方に関しては、山本七平『論語の読み方』、渋沢栄一『論語の読み方』、安岡正篤『論語に学ぶ』、白川静『孔子伝』、下村湖人『論語物語』、斎藤孝『論語』など多くの論語関係の解説本を参考にした。先人の貴重な労作群がなければ、本書は生まれなかったものであり、記して感謝の意を捧げたい。

対象とする読者

　論語には、すべての世代の人々にとって非常に興味のある、また、人生の指針として有益な言葉が並んでいる。本書の DA ラーニングは、もともと大学の小規模ゼミにおける学習活動の経験とノウハウをまとめたものである。しかし、その活動に論語の貴重な知恵を導入することで、本書には、中高校生などの実践的なアクティブラーニングだけでな

く、企業内の人材育成や社会人の生涯教育「学びなおし」などの学習活動においても、非常に有効になる指導上の有益な知識やノウハウが多数含まれている。本書の内容を読んだ読者は、まず初めに今の政治家に読ませたい、と評されたが、頻発する大企業の不祥事を思うと、やはり渋沢栄一翁が生涯をかけて日本の企業社会に導入しようとした論語の教え「智」「義」「仁」「礼」「言」などを、もう一度学び直すことが今の時代に重要になっているのではなかろうか。こうした学習活動を通じて、すべての人が人生のどの段階でも大きく成長し、飛躍していくことが可能になる。

感謝
　本書執筆の最終段階においては、田中俊典藍野大学教授（内科医）の全面的な協力を得て校正編集作業が進められた。先生には、多数の章句の細かな内容にまで立ち入って丁寧に校正していただいたが、少しでも読みやすくなったのは先生の精力的かつ細心のご努力によるものである。
　最後になりますが、前書と同じく本書でも、アルマ書房の堀ひろみさんに編集および発行に関する諸作業について専門的なアドバイスとご助力をいただいた。論語と古代ギリシア哲学の研究者であり田中ゼミ卒業生の鈴木由美先生（スイスの大学で教鞭）、編集担当の西窪彩恵さんには、特に記して感謝の気持ちを表したい。

令和5年　早春　田中　拓男

本書の構成

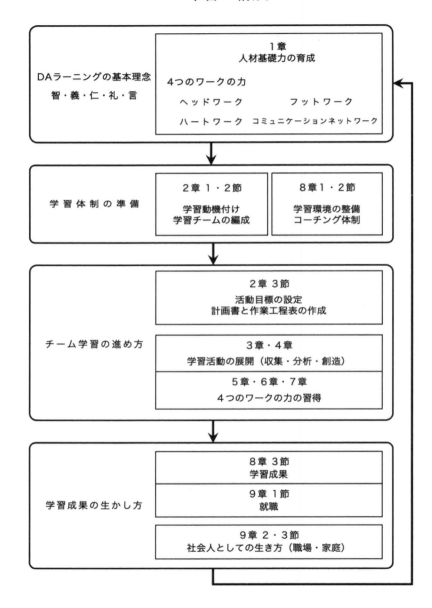

DAラーニングの基本理念
智・義・仁・礼・言

1章
人材基礎力の育成

4つのワークの力

ヘッドワーク　　　　　フットワーク

ハートワーク　コミュニケーションネットワーク

学 習 体 制 の 準 備

2章 1・2節
学習動機付け
学習チームの編成

8章 1・2節
学習環境の整備
コーチング体制

チーム学習の進め方

2章 3節
活動目標の設定
計画書と作業工程表の作成

3章・4章
学習活動の展開（収集・分析・創造）

5章・6章・7章
4つのワークの力の習得

学習成果の生かし方

8章 3節
学習成果

9章 1節
就職

9章 2・3節
社会人としての生き方（職場・家庭）

目　　次

1部

DA ラーニングと孔子の実学

偉大なリーダーは皆、論語を読んでいた

1章

幸せな一生を支える基幹的能力と論語の教え
～社会的リーダーが育つ真の学び

　孔子は、戦乱の世の中で苦しむ多くの人々を救うために理想の社会を実現させることを願って、生涯にわたって懸命に努力してきたが、そのためには、社会の発展に貢献する優れた人材の育成に大きな力を注いできた。「世なおし」のための「人づくり」が、孔子の社会的な活動を支える基本的な理念になった。

　「世なおし」とは、具体的に言えば、周りの社会で日々生起する様々の重要な諸問題を取り上げ、厳しい軋轢やコンフリクトの中でよりスムーズに調和的に問題を解決し、より平和で安定した社会、そして、多くの人々がより安心して暮らせるような社会を実現させる様々な試みであるが、そのためにはなによりも優れた社会的リーダーの優れた活躍が不可欠になる。「世なおし」のために活躍する社会的リーダーには、特に優れたいくつかの能力が強く求められる。孔子の場合には、そのような社会的リーダーの備えるべきもっとも大切な能力・素質として、「智」「義」「仁」「礼」「言」など、人間としての高い徳をあげている。学習活動のもっとも中核的な基本目標は、世の中に役に立つように優れた高い徳を習得し磨いていくことにあり、「人づくり」は、高い徳を持って活躍できる社会的リーダーの育成に焦点が当てられる。

　ただ、孔子の言葉をまとめた論語では、「仁」などの徳の内容については、特に具体的な定義を与えているわけではない。机上の議論ではなく、実践的な学習活動を重視した孔子は、実際に高い徳を備えて活躍した人物（君子）を取り上げてその優れた行動や立派な活動ぶりを実践的に描くことで、世なおしのための社会的な活動に不可欠なこれらの徳の内容・本質がどのようなものであるかを具体的に示している。そして、そのような徳の習得の重要性を弟子たちに厳しく教えているのである。

　DA ラーニングでも、厳しい環境の中で常時様々に生起する深刻な社会的諸問題を解決しながら社会経済の調和のとれた発展を力強く牽引し

10

て、住みやすく安全安心の世の中に導こうとする社会的リーダーの基礎力を育成・鍛錬することを学習活動の基本目標においている。その際、優れた社会的リーダーに求められる「人材基礎力」として、ヘッドワーク、ハートワーク、フットワーク、ネットワークなど４つのワークの基礎力が挙げられる。

　本章では、孔子が学習目標にあげる諸徳の「智」「義」「仁」「礼」「言」などを取り上げて、それらが基本的には、DA ラーニングで習得しようとする人材基礎力の４つのワークと同じような内容のものであることを明らかにし、さらに、これらの徳を実践活動で体現している君子の具体的な姿を通じて、より詳しく習得すべき諸徳・４つのワークの内容を明らかにしていく。

　（注）世界でもっとも優れた大学の一つに挙げられるハーバード大学でも、教育の基本理念として社会の発展に貢献できる有能な人材の育成をあげている。教授、職員、そして事務のスタッフまで学生に次のような言葉をかけている。『あなたは社会に貢献すべくここに来た。あなたなら、きっとできる。そのためには、今の環境に感謝すること。そして、人の痛みに寄り添える人間になりなさい』。「あなたは社会に貢献すべくここに来た」の言葉は、学生に「社会的使命感」を抱かせ、「あなたなら、きっとできる」は、学生に「立派な成長の可能性」を信じさせ、「今の環境に感謝すること」は、学生の心の中に「母校愛」「帰属意識」を育むようにメッセージを送っている（それが無いと、学びのモチベーションが上がらない）。「人の痛みに寄り添える人間になりなさい」は、学生に社会のリーダーとしての尊い倫理観「恕」の心得を教えている。結局、社会の発展に貢献する有能な人材の育成がハーバード大学の教育の基本理念・目標と考えられる。（林英恵著『それでもあきらめない　ハーバードが教えてくれたこと』あさ出版電子書籍、2012）

1節　幸せな「仁」の一本道

1　「天」と「地」と「人」

① 子曰く、命を知らざれば、以て君子と為す無き也。礼を知らざれば、以て立つ無き也。言を知らざれば、以て人を知る無きなり。（堯曰20-3、井波590）
「先生は言われた。天が自分に与えた使命や運命を知らなければ、君子ではない。礼を知らなければ、自立してやってゆけない。言語を知らなければ、人を認識できない」

〈解説〉
①人は「天」と「地」の間に自立した個々の「人」として存在する。空間的に見れば「天」と縦糸で結ばれて「天命」を知り、「地」を水平的に見れば「他人」と横糸で結ばれ、「言語」を通じて他人との良い関係を構築する。自立した一個人として天の意思を聞き取り、他人の存在を識別しうまく交わっていくには、それに相応しい礼節ある行動と言語コミュニケーションが必要になる。

2　人の生きる一本道　〜基本理念

① 子曰く、人の生くるは直し、之れを罔いて生くるや、幸いにして免る。（雍也6-19、井波159）
「先生は言われた。人が生きるのは（本来）まっすぐなものである。まがって生きているのは、僥倖にも災禍を免れているだけだ」
② 君子は本を務む。本たちて道生ず。（学而1-2、井波3）
「君子は根本のことに努力する。根本が確立すると、道はおのずと生まれてくる」
③ 誰か能く出づるに戸に由らざらん。何ぞ斯の道に由ること莫きや。（庸也6-17、井波158）
「誰でも出るときには戸口によるものだ。どうして人としての道（道理）によって生きない者があろうか」

④ 子曰く、人　能く道を弘む。道の人を弘むるに非ず。（衛霊公 15−29、井波475）

「先生は言われた。人が道を広めることができるのであり、道が人を広めるのではない」

⑤ 子曰く、歳寒くして、然る後に松柏の彫むに後るることを知る也。（子罕9−29、井波266）

「先生は言われた。寒い季節になってはじめて、松や柏がしぼまないことがわかる」

⑥ 子曰く、参よ、吾が道は一以て之れを貫く。曾子曰く、唯。子出づ。門人問いて曰く、何の謂ぞや。曾子曰く、夫子の道は、忠恕のみ。（里仁4−15、井波95）

「先生は言われた。参よ、私の道はただ一つのもので貫かれている。曾子は言った。はい。先生が出て行かれた後、他の弟子がたずねて言った。どういう意味ですか。曾子は言った。先生の道は忠恕で貫かれているということだよ」

〈解説〉
①論語では、人間の生きる本性は本来正しくまっすぐ（直）なものであり、自分に素直に正直に生きることの大切さを言っている。こうした性善説の人間認識は仏教の「人間本性仏性」に相通じるものがある。他方で、論語の「克己復礼」の言葉では、己の我欲を抑えて、礼、すなわち社会的な道徳規範に服すとあり、性善説の限界も示唆している。②③「道」とは、それによらなければ人間が存在することができないもの、生活し行動してゆくことができないものである。だから生きていくには、前に進むための「道」をつけねばならない。人間にはみなそれぞれに本性のまっすぐな根源的生き方の「道」があり、教育によってそれを磨いて本性をしっかり確立すると、そこから生涯を通して生きる一本道が広がっていく。④人間は模索しながら道を広めていくことができる。孔子は、真理、思想、主義などの道は、人間の人格的に親密な交わりを通じて人から人へ伝わっていくと考えている。⑤大切なのは、たとえ厳しい境遇に置かれても、決してぶれることのない「志操堅固」な道である。本当の信念を持つ人間は、決して厳しい環境にあっても流されない強靭さを持っている。⑥で、孔子の道は、ただ一つの忠恕で貫かれた道と言っているが、同じような表現に次のものがある。

13

子曰く、賜や　女は予れを以て多くを学びて之れを識す者と為すか。
対えて曰く、然り。非なるか。曰く、非也。予れは一以て之れを貫く。
（衛霊公15-3、井波454）
「先生は言われた。賜よ、おまえは、私が多くのことを学んで、それを記憶している物知りだと思うかね。答えて言った。そう思います。ちがいますか。（先生は）言われた。ちがうね。私の道はただ一つのもので貫かれているのだよ」。
どんなにいろいろ学んで豊富な知識を持っても、基本の生きる道は一本道であり、それは「恕」の道である。

　社会人として生涯にわたって幸せな人生を生きるためには、長い人生の中でどのような環境に置かれても決して忘れ見失うことのない、その人の本性としての基本理念（どのように生きるかその基本的な考え）をしっかり身につけておかなければならない。それは、人として正しく生きるための強靭なバックボーン（背骨）となり、人生における様々な活動や挑戦を支え続け、どんな苦境にもあっても揺らぐことのない心の確かな拠り所になる。これがあってこそ、周りの人々にも変わることなく深く信頼され、親しい交遊活動を継続して長く続けることができる。自分の人生を生き抜くための一本道の基本理念を身につけることが、若い人々にとって最も重要な人生の課題であり、そのためには継続した長い学習活動が不可欠になる。

学習活動の意味を考える　生涯の活動を支える基本理念の学習・確立
　DA ラーニングでは、若い人は学習活動の途中でしばしば迷い逡巡することがある。そのような時には、もう一度学習活動の原点に帰り、人が生きるとは何か、自分は何故に生きているのか、社会と自分との関係はどうあるべきか、何故に今このような辛い学習活動を続けているのか、これらの根源的な問題をじっくり深く考えて、その上に立って自分の今進んでいる道の意味、活動の基本理念を慎重に確認するべきである。
　DA ラーニングの目標の一つは、若者が生涯を通じて自分の活動の支えになるような揺るぎのない人生の基本理念を、実践的な学習活動を通じて習得していくことに置かれている。

2節　「義」「仁」と理想的な人間

1　正しさ「義」に生きる

① *子曰く、篤く信じて学を好み、死を守って道を善くす。（泰伯 8 – 13、井波 227）*
「先生は言われた。確信をもって学問を愛し、命あるかぎり正しい道の実現のために尽くす」

② *子曰く、君子は義に喩り、小人は利に喩る。（里仁 4 – 16、井波 96）*
「先生は言われた。君子は義（正しさ）に敏感に反応し、小人は利益に敏感に反応する」

③ *子曰く、君子の天下に於けるや、適も無く、莫も無し。義にのみ之れを与に比しむ。（里仁 4 – 10、井波 91）*
「先生は言われた。君子は天下において、人に親切だったり、薄情だったりしない。ただひたすら義しいものにのみ親しむのだ」

④ *子曰く、君子は義以て質と為し、礼以て之れを行い、孫以て之れを出だし、信以て之れを成す。君子なる哉。（衛霊公 15 – 18、井波 467）*
「先生は言われた。君子は、正しさを本質とし、礼によってそれを行動にあらわし、謙遜した言葉で表現し、誠実さによって完成させる。そんな人こそ君子である」

〈解説〉
①学問を深めて「義」正しいことを明確に学び、自分の日常行動においては正しいことを守り、社会では社会的な正義が実現するように努める。②その時、自分の小さな損得勘定には囚われないで、物事の正しさのみを大切にする。③人間関係の付き合いでは、どんなことがあっても常に「義」正しさを第一に考える。④物事の正しさを第一に考え、生活規範として常に礼節ある行動を取るように気をつけ、絶えずつつましい言葉を使って誠実に行動するのが、君子である。

　「義」すなわち、正しいことは、それぞれの社会における伝統的な価値観にしたがって多様に分かれ異なる可能性があるが、人間社会の倫理や道義性からみて、いつの世にも常に誰もが普遍的に認める基本的な社

15

会的規範がある。それは脳内の理性の働きによる判断（ヘッドワーク）で誰もが正しいものと考えるものである。具体的に見て、何が正しいことであり、正しいことをどうして守るかは、それぞれが学習の過程で常に問い続け、考え続ける大切な課題である。物事の正邪の判断力を磨くには、過去の知識について十分深く学習し、その確かな知識を基にして日常的な実践で正しさを自分で体得していかなければならない。

　さらに、それは理性だけの問題でなく情動の動きにも深く絡んでいる。理性の働きで正しいと認識したものを守ろうとするのは、心内知性のセルフコントロール（ハートワーク）のもっとも大事な働きである。あることが正しいと認識することで、それを守ろうとして人は自己抑制の働きを活性化させるようになる。社会的な規範を守るために「克己復礼」の重要性が強調される。

社会的問題の解決策と「義」

　DA ラーニングの学習活動では、社会の諸問題を取り上げてその解決策を探求していくが、その時思考作業のもっとも重要な支柱になるのは社会的正義感である。単に自分たちの利害に拘った損得勘定だけで社会問題の有効な解決策を考えるのではなく、倫理的道義的に見て本当にそれが正しいものか、義にかなうものであるか、絶えず慎重によく調べ、その上で問題解決策の研究を進めていくべきである。社会的な正義から外れるような状況を助長するような問題解決策は、研究者の良心として避けるべきである。

　したがって、社会的リーダーとして正しく生きて行動するためには、常に心の中の正義・倫理（誠の義）をしっかり習得しておかなければならない。心の中にぶれることのない正義・倫理への信念が確立されれば、そこで創造される社会的な問題解決策も多くの人々から共鳴と信頼が得られ、実現可能性が大きくなっていくと思われるからである。日常的に自己の損得勘定のビジネス行動に走る企業リーダーには特に、生涯ぶれることない確かな「義」正義感・倫理観が強く求められている。

16

2 人の愛「仁」に生きる ～「恕」「信」と「中庸」

　「仁」とは多様な徳目の総体と言われており、論語でも「仁」の定義については特に書かれていない。実践的な孔子にとって「仁」を定義するよりも、実際に「仁」を実現させるための実践的な方法が、いろいろな局面でより重要な問題になっている。

　「仁」を構成する基本的な諸徳目は、「恕」「中庸」「信」「礼」などである。もっとも中心的な徳義とされる「恕」（さらに「譲」）は、他人に対する誠実な思いやりの心である。キリストの「愛」、ブッダの「慈愛」と基本的に同じ徳目と考えられる。「愛」や「慈愛」が人間関係でもっとも重要なものであり、孔子の「恕」も広く普遍性を持った教えである。愛がなければ全てが虚しいものである。

　「信」も、良好な人間関係を維持するための基本な徳である。「恕」と同じく、理想的な社会を建設していくためには、人々が日常的な人間関係の中でしっかり習得しておくべき徳目である。特に企業リーダーや政治家には、社会におけるその優れた活動を支える根源的な人格的特性として「信」の重要性が強調されている。

　「中庸」には、ブッダの「中道」「知足」（「足る」を知る）の考えと通じるものがある。有限な地球で多様な生き物が共存し、長く持続的に生き残っていくためには、生き物生来の強烈な生存欲望に身を任せた放埒な生き方をするのではなく、常に慎ましく限度を超えないように生きていく、という人間の心の厳しいセルフコントロールが求められている。そのためには、日頃から我が身の鍛錬・修養が必要になる。孔子は、豊かな知識の習得とその上に立った節度のある正しい行いの実践を若者たちに厳しく要求している。社会における自分の活動を正しく行っていくには、社会的なルールである「礼」を正しく学び、何事にも過度に行き過ぎることのないように自律的にセルフコントロールし実践していかなければならない。その時、「中庸」の実践が、日常生活の習慣として自然に定着してくる。

（1）目には「仁」、歯には「義」

① 或る人曰く、徳を以て怨みに報いるは如何。子曰く、何を以てか徳に報いん。直を以て怨みに報い、徳を以て徳に報いる。（憲問14−35、井波438）

17

「ある人が言った。善意によって悪意に応じるというのはどうですか。先生は言われた。（だとしたら）何によって善意に応じるのですか。まっすぐな正しさによって、悪意に応じ、善意によって善意に応じるのです」

　旧約聖書（および「ハムラビ法典」）では、「目には目を、歯には歯を」とあり、相手に対してその出方に応じて相応の力で抵抗するように言われているが、新約聖書マタイ伝では、「右の頰を打たれたら左の頰を出しなさい」と無抵抗の愛の行為を説いている。論語は、すべての行為に対して愛の心で無抵抗に対応せよ、という非暴力主義の主張ではない。相手が自分に対して善意で向かってくる場合には、素直に自分も善意の愛の心で迎え入れる。相手が不正な暴力で自分にかかってきた場合には、「目には目を、歯には歯を」で同じような暴力で対応するのではなく、誰がみても正しいと思われる正義の方法で厳しく立ち向かう。相手のすべての行いに対して常に善意の愛をばらまくのではなく、場合によっては厳しく正しさを相手に示すことで対応する。論語では、このように「仁」の愛と「義」の正義を両立させていくのが、優れた人物の処世術と考えられている。

（2）日常生活の中の「仁」

① 君子仁を去りて、悪（いず）くにか名を成さん。君子は食を終うる間も仁に違うこと無し。造次（ぞうじ）にも必ず是（これ）に於いてし、顛沛（てんぱい）にも必ず是に於いてす。（里仁4-5、井波84）
「君子は仁を離れて、どうして名誉を成就できよう。君子はご飯を食べおえる間も必ず仁から遠ざからず、あわただしいときでも必ず仁を離れず、つまずいて倒れるときでも必ず仁を離れない」

② 子曰く、苟（いや）しくも仁に志せば、悪しきこと無き也。（里仁4-4、井波83）
「先生は言われた。もし少しでも仁に志せば、悪事をするようなことはなくなる」

③ 子曰く、民の仁に於けるや、水火よりも甚（はなは）だし。水火は吾れ蹈（ふ）みて死する者を見る。未だに仁を蹈みて死する者を見ざる也。（衛霊公15-35、井波481）
「先生は言われた。人々が仁を必要とする度合いは、水や火を必要とするより激しく深いものがある。しかし、水や火を踏んで溺れ死んだり焼け死んだりするひ

とは見かけるが、仁を踏んで死んだ人は見たことがない」

〈解説〉
①②日常生活のあらゆる場面での行いで常に「仁」を大切にしたら悪いこともしなくなり、他人からリスペクトされるような生活様式になる。③「仁」の行いは、火や水と同じ必要なものであるが、火や水と違って、どんなに熱心にやってもやりすぎて死ぬようなことにはならない。

　抽象的に「仁」を議論するだけではなく、日常生活のあらゆる瞬間の行動において「仁」を考え、それを生活習慣として実践していくことで、はじめて人は「仁」に基づいた社会生活を営むことができる。DAラーニングにおいても、学習活動のあらゆる局面においてみんなで「仁」とその諸要素について深く考え、それらを体した実践的な活動を展開していくべきである。その時はじめて DA ラーニングの学習活動を通じて「人材基礎力」のよく鍛えられた優秀な人材が育ってくる。

3　「仁」に近い「剛毅朴訥」　　～六芸の習得

① 義を見て為さざるは、勇無きなり。（為政 2−24、井波 48）
「人としてなすべきことを見ながらやらないのは、勇気のない人間である」
② 子曰く、剛毅朴訥、仁に近し。（子路 13−27、井波 396）
「先生は言われた。剛毅で朴訥な人は仁に近い」
③ 子曰く、道に志し、徳に拠り、仁に依り、芸に游ぶ。　　（述而 7−6、井波 179）
「先生は言われた。大いなる道に志し、徳を根本とし、仁をよすがとし、六芸の世界に遊ぶ」

〈解説〉
①②「義」（正しいこと）を実践しようとする時、勇気や精神的な強靭さは、どんな危険があってもそれを乗り越えていくために不可欠な人間的資質と考えられており、勇気・剛毅は仁そのものでなくてもそれに近い徳目とされている。③「六芸」とは、礼・楽（音楽）・射（弓射）・御（馬車を駆ること）・書（書法）・数（算術）の 6 つ基本的な素養であ

る。長い生涯において高い志をもって優れた活躍をしていくには、根本の徳の義・仁と同時に、文化的（芸術）・身体的（スポーツ）な素養のバランスある修得が必要になる。

　現実社会の厳しい環境の中で「仁」の行いを実行しようとすれば、どうしてもそれに伴う困難や危険性を考えて、行動を支える勇気や精神的な強さを鍛錬しておかなければならない。DA ラーニングでも、広く未知の海外諸国などに調査旅行に行って、学生が自分たちだけで大変な苦労の伴う学習活動をしようと思えば、現地で直面する様々な困難を乗り越えるだけの勇気と精神的なタフさが不可欠になる。孔子も、若い頃から幾度も様々な厳しい試練や命の危険に直面して懸命に勇敢に乗り越えてきたが、社会的指導者には、様々な想定外の危険や障壁を乗り越える精神的な強さ・勇気と冷静さが強く要求されている。
　孔子は、若い頃からいろいろなことに関心をもってその技術・技巧に習熟するようになった。特に音楽の楽しみに熱中していたが、そのような文化・芸術やスポーツなどを楽しんで心の余裕を持つことも、人間性を豊かにする道と考えられている。

4　大きな徳義と小さな徳義　　〜「融通無碍」

① 子　子夏に謂いて曰く、女は君子の儒と為れ。小人の儒と為る無かれ。（雍也 6-13、井波 154）
　「先生は子夏に対して言われた。おまえは視野の広い大らかな君子の学者になれ、こせこせしたつまらない小人の学者となるな」
② 子夏曰く、大徳は閑を踰えず、小徳は出入するも可也。
　（子張19-11、井波 565）
「子夏は言った。大きな徳義については、規制を踏み越えてはならないが、小さな徳義については、規制を少々はみ出してもかまわない」

〈解説〉
①②大切な根本的なことには決してぶれることがないが、こせこせとした瑣末なことには過度にこだわらず、融通無碍に視野の大きな言動を取

るのが「仁」のある人である。子夏の伝えによれば、孔子は、人間の生きる基本的なことにはぶれることのないように、と教えているが、その他のことには、状況に応じて柔らかに弾力的な思考で大きな判断を下すようにと、かなりおおらかな態度を取っている。

　論語における徳の話を取り上げると、多くの人は非常にかたぐるしく難しい話と思って、自分には関係がないと敬遠する傾向が見られる。しかし、孔子の人間的におおらかな人柄を知ると、孔子は決して堅物のこちこちの人間ではなく、その言葉も自然に親しみのあるものであることがよく分かる。弟子たちと笑い、嘆き、歌い、怒り、ともに親しく語り合っている。このような温かい雰囲気の中で、徳の習得で一番大切な基本のところだけはしっかりおさえておくべきであるが、後は本人が自由に考えて柔軟に判断してゆけば良い、として弟子たちの融通無碍の態度を認めている。

3節　教育と「人材基礎力」の育成

1　教育の重要性

① 性、相い近き也。習い相い遠き也。(陽貨 17-2、井波 512)
「人のもともとの素質にはそれほど個人差はない。ただ、後天的に習慣・学習によって距離が生じ遠く離れる」
② 子曰く、教え有りて類無し。(衛霊公 15-39、井波 483)
「先生が言われた、人は教育が先決で、(生まれつきの)種類や等級はない」
③ 子曰く、後生畏る可し。焉くんぞ来者の今に如かざるを知らんや。四十五十にして聞こゆること無くんば、斯れ亦た畏るるに足らざるのみ。
　(子罕 9-23、井波 261)
「先生は言われた。後輩や若者こそ畏敬すべきだ。未来の人間である彼らがどうして現在の人間より劣るとわかるか。しかし、(その若者とて)四十五十になっても、何の名声も得られないようなら、これまたいっこう畏敬するに値しない」

21

〈解説〉
①②では、人の能力は、生まれつきの素質などに関係なく、その後の教育によって大きな差が生まれる可能性があることを指摘し、③で、今はまだ未熟なところが多々見られても、これからの熱心な学習活動を通じて大きく飛躍する可能性を秘めた前途洋々の若者に対して、孔子は温かい心で期待している。他方、機会があるのにきちんと真面目に学習してこなかった中年の人々に対しては、たとえ社会で成功しなくてもそれは仕方ないことと手厳しい。

「義」「仁」など徳の習得

　教育者として孔子は、成長する若者へ大きな期待を持っていた。孔子の優れた弟子には、孔子よりも３０歳も４０歳も年下の者が多くいたが、孔子は彼らの将来の活躍に対して強く期待して、厳しくかつ温かく懇切丁寧な指導を行った。若者の「人材基礎力」を鍛えようとする DA ラーニングでも、彼らの将来の社会生活における活躍を期待し、それを視野の中に入れた実践的なチーム学習を展開しようとしている。DA ラーニングのような実践的な教育を受けることで、若者には誰でも幸せな生涯を送る可能性が大きく開かれてくる。

2　学習を通じた脳内神経細胞ネットワークの強化拡充

　教育学習活動は、基本的には人間の脳内のネットワークの拡充強化を目標にするものである。物理的な資材・物の器は、その大きさは初めから決められており、どのように刺激を与えてもより大きくなることがない。しかし、生きている人間では、教育による実践的な学習を進める過程で脳内の神経細胞ネットワークが強化拡充されて、人間としての器が大きく成長していく。教育の中で様々な活動を実践的に展開していく過程で、脳内での神経細胞ネットワークには新しいシナプス（結節点）が生まれ、ネットワークが拡充されていく。その結果、より強化拡充された大きな神経細胞ネットワークの働きで人間の活動能力が高まり、行動のレベルがより向上していく。脳内では人間の体の行動を司る多様な神経細胞ネットワークが張り巡らされており、人間としての基幹的な能力、いわば「人材基礎力」がそれだけより強化されていく。
　脳内神経細胞ネットワークは、学習過程では、倦まずに何度も繰り返

す過程で強化拡充されていく。その時、神経細胞ネットワークの中で、教育によってどのような領域の細胞ネットワークを拡充強化するかによって、人間の多様な能力の中でどのような能力がより強くなっていくかが影響されてくる。毎日歩くことだけを鍛えていけば、当然フットワークの運動を司る分野の神経細胞ネットワークが鍛えられていき、その結果、その人の歩く能力が向上していく。脳内で思考や感情を司る脳内領域の神経細胞ネットワークについても、同じように継続した強化訓練によって鍛えていけば、それだけ神経細胞ネットワークが強化されて、人間としての思考力や感情の力がより豊かになっていく。

学習活動では、学修者も教える教師も、嫌気を出さずに辛抱強く学習に取り組み、教育による鍛錬を深化させることが不可欠であるが、特に問題解決力の高い人材の育成には、それに密接に関連する身体部位を司る脳内神経細胞ネットワークの強化拡充が教育活動の重点課題になる。

3　「人材基礎力」の４つのワークの力

「人材基礎力」は社会的人間として汎用的な能力であるが、主に次の４つのワークの能力と考えられる（詳細は前著参照）。人間の身体活動を支えているのは、主に４つの身体パート（部位）の働きである。すなわち、ヘッド（理性）、ハート（感情）、フット（行動）、フェイス（耳鼻、口、目などの五感）の力である。それぞれの身体的な部位を鍛えることで一人の人間としての総体的な活動能力が高まってくる。その際、４つの部位間でのスムーズで有機的な連携活動があれば、身体全体としてはより大きな活動能力を発揮することができる。その結果、活発な社会的な活動を通じて人間性の豊かな優れた人材として社会的に高い評価を受けることになる。結局、４つのワークの力を促進する各部位をそれぞれに十分鍛えるとともに、それら関連部位間相互に有機的な連携活動がより活発に進むように十分配慮した訓練が重要になる。

「ヘッドワーク」
知識を広く正しく学んで正義・道義・正しい道を知り、合理的かつ論理的な推論を展開し、新しい知識を創造する力。(主に２、３、４章で取り上げる)。

「フットワーク」

　社会の現場を駆け巡る足の軽さとそれに融合一体化した礼節ある行動の力。（主に6章で取り上げる）。

「ハートワーク」

　心の知性の働きの力。セルフコントロールや忍耐・自立心などの心内知性と、他人を思いやる愛と信などの対人知性。（主に5章で取り上げる）。

「ネットワーク」

　厳密に言えばこれは「ネットワーク・コミュニケーション能力」であり、情報および人の縁のネットワークを構築し、それらを活用して活発なコミュニケーションを行う力。（主に7章で取り上げる）

　これらの「人材基礎力」を訓練し育成する場として大学教育にかける社会からの期待は、ますます大きくなっている。しかし、伝統的な大学教育の体制だけでは、このような能力の育成を行うには厳しい限界がある。そのために伝統的な大学教育の方法を漸進的に改革改良していくことが求められている。特に「人材基礎力」のトレーニング育成を視野に入れた新しい教育手法である DA ラーニングを教育体制の中にうまく組み入れる試みが重要になる。

4　「人材基礎力」と論語の諸徳目との関係

① *子は四を以て教う。文・行・忠・信。（述而7-24、井波198）*
「先生は四つのことを重点的に教えられた。すなわち、文（学問）、行（実践）、忠（誠実）、信（信義）」

② *子曰く、君子は義以て質と為し、礼以て之れを行い、孫以て之れを出だし、信以て之れを成す。君子なる哉。（衛霊公15-18、井波467）*
「先生は言われた。君子は、正しさを本質とし、礼によってそれを行動にあらわし、謙遜した言葉で表現し、誠実さによって完成させる。そんな人こそ君子である」

〈解説〉
①孔子の教育は、ヘッドワーク、ハートワーク、フットワークの豊かな人材基礎力の育成を重点的な目標とした。②その他にも、社会において

人とよく交わり、人をよく認識するために、言語コミュニケーション能力の育成を重視した。

　DA ラーニングにおいて人材育成の目標に掲げられている４つのワークの力は、前述のように論語が重視する徳目である「義」「仁」「礼」「信」と同じ共通するものである。したがって、DA ラーニングの学習活動は、論語での実践的学習活動と基本的には同じ内容になり、孔子の人材育成の方法は、DA ラーニングの学習活動においても非常に有効に活用される。後の章で「人材基礎力」の個々のワークの内容について詳細に検討していくが、それに対応する論語の教えやアドバイスはその学習過程で直に生かされる。
　（注）儒教における「5常の徳」は「義仁礼智信」で、義と智は人間のヘッドワーク、仁と信はハートワーク、礼はフットワークの力に直接密接に関係する。

文	＝	ヘッドワーク
行	＝	フットワーク
忠と信	＝	ハートワーク
正しさ	＝	正しい知識のヘッドワーク
礼	＝	節度ある行動のフットワーク
謙遜と誠実	＝	ハートワーク
言葉の表現	＝	言語コミュニケーション

5　ヘッドワークとその他ワークとの相互関係

　DA ラーニングで「人材基礎力」を育成しようとする時、ヘッドワーク、ハートワーク、フットワーク、ネットワークの４つの力をともに豊かにすることが理想であり、どれかの力だけが優れていれば良いというわけではない。しかし、大勢の学生を見ていると、やはり頭脳のヘッドワークの力がより顕著に備わっている者と、心のハートワークの力が目立つ学生とにタイプが分かれる。また、フットワークの力により優れている礼儀正しく活動的な学生もいれば、コミュニケーション・ネットワークに特に優れたネットワーク型の学生もいる。こうした意味で学生の優れた特徴は様々であり、いろいろなバリエーションが見られる。４つの基礎力のすべてが豊かに備わった学生がもっとも優れた者であるが、

まだ成長途上の未熟な学生にそれを望むことは無理である。

　DA ラーニングによる人材育成の狙いは、学生の将来の活躍にとって不可欠な「人材基礎力」の４つのワークについてそれぞれある程度以上の力を備えさせることである。それぞれのワークの力がある程度以上に備わることで、複数のワーク（たとえば「仁」）とワーク（「知」）の相乗効果が働き、人間としての能力がより一層高くなることが考えられるからである。ある一つのワークにどれだけ秀れていても、他の能力が決定的に劣っていると、社会では一人前の優れた人間として評価されないことがある。

6　学問によるヘッドワーク鍛錬の重要性　〜「六言六弊」

① 仁を好んで学を好まず、其の蔽や愚。知を好んで学を好まず、其の蔽や蕩。信を好んで学を好まず、其の蔽や賊。直を好んで学を好まず、其の蔽や絞。勇を好んで学を好まず、其の蔽や乱。剛を好んで学を好まず、其の蔽や狂。(陽貨17−8、井波520)

「仁（仁徳）を好んで学問を好まなければ、その弊害は愚かになることだ。知（知識）を好んで学問を好まなければ、その弊害は、とめどがなくなる（デタラメな）ことだ。信（信義）を好んで学問を好まなければ、その弊害は人も自分も損なうことだ。直（正直さ）を好んで学問を好まなければ、その弊害は窮屈になることだ。勇（勇気）を好んで学問を好まなければ、その弊害は無秩序になることだ。剛（剛毅さ）を好んで学問を好まなければ、その弊害は度を越えて狂おしくなることだ」

〈解説〉

①は、まずしっかり学問をすることの大切さを弟子に教えたものである。学問しなければ、仁があっても他人からばかにされ、知識欲があっても知識が雑でとりとめもなくなる。誠実であっても他人に利用されて自分をそこなってしまい、正直であっても窮屈になる。勇気があっても社会的な秩序のある行動をすることができないし、根性があっても狂気になる。これが六言六弊である。

　普通の人間は、初めから知識や知恵が備わっている訳でなく、それは

熱心な学習活動を通じて初めて習得できるものである。したがって、懸命に学習活動に取り組んでヘッドワークを鍛錬していかなければならないが、特に学問の遅れは、その他のワークの力にも深刻な影響を与えている。人間性教育といってもその基本はしっかりした学問をすることに尽きるのである。

ヘッドワークとハートワークとの両立・調和

　日本の近年の歴史を振り返ると、歴史的な激動期に現れた社会的指導者の中に、ハートワークとヘッドワークとの働きのバランスが大きく崩れた人物が見られる。特に「公に尽くす」という強いハートワークを持つ有力な社会的リーダーたちが、しばしばヘッドワークの働きで非常に歪んだ非合理的な思考しかできないという致命的な欠陥を露呈しており、それが日本社会に大変な危機をもたらしてきた。幕末激動期の志士たちや昭和前期の軍部のリーダーたちは、天皇が支配する日本の発展のために命をかけようという強いハートワークで激しい社会変革の活動を展開していたが、彼らのヘッドワークに共通した思考法として、しばしば科学的な根拠をもとにした合理的な議論やファクトを軽視し歪めてしまいがちであり、ただ一途に滅私して公のために尽くそうと格調高いハートワークの力で独善的に日本社会をリードしようとした。

　たとえば、昭和前期の軍部指導者は、厳密な事実に基づく実証的な解析があってもご都合主義でそのファクトやエビデンスを軽視したり、歪めてしまっており、日本には天の助けがあるとして国民を鼓舞したが、その大きな声は、科学的合理的な論理の力に勝る状況にあった。

　兵器の力量では大きく劣っているのに日本人の強い精神力で勝とうとして無謀に国民を大動員していく。こうした科学的合理的な推論を軽視するヘッドワークの働きの中では、かれらの強烈なハートワークは結果的にかえって日本を破滅の方向に導いていったのである。格調高いハートワークと冷静な合理主義のヘッドワークとを両立させることが、社会的リーダーの育成にとって重要な目標になる。

　また、日本人のヘッドワークは、先進的な知識を理解し吸収し現場で応用するという面では、戦後非常によく働いていた。しかし、海外からの先進的技術導入の時代が終わると、自己自身の力による革新的なイノベーションの必要性に迫られてくる。創造的なヘッドワークの働きに期待する時代のニーズが強くなったが、これまでの人材育成の方法では必ずしも十分に対応できなくなっている。

ヘッドワークとフットワークとの両立・調和

　創造的なイノベーション志向の頭を持っているスケールの大きな社会的リーダーの育成が、これからの社会的な課題になってきた。孔子も度々強調しているように、学習活動においては、問題を頭で考えるだけでは不十分で、常に実践を伴っていなければならない。

　論語には、*博く学びて篤く志し、切に問いて近く思う*（*子張19－6、井波 562*）「広く学んで（ここぞというところで）集中的に考え、切実な問題意識をもって身近なことから考えてゆく」。

　実践的な学習では、優れたヘッドワークを生かして外部社会における貴重な情報を収集し、現実的で意味のある問題解決に不可欠な現場感覚を、現場の直の体験を通じて習得するが、そこではヘッドワークだけでなく何よりも学修者の逞しいフットワークが求められる。しかも、ただ外の社会を見て歩き回るだけでなく、そこでの活動に不可欠な社会的ルールである礼節をしっかりと身につけ守っていかなければならない。優れたヘッドワークと逞しいフットワークは生涯にわたって社会的リーダーの活躍を支え続ける重要な「人材基礎力」になる。

　さらに、イノベーションの時代には、自分で考えるだけでなく、外の現実の世界にある様々な深刻な社会問題に直に向き合い、その中から技術的なイノベーションのシーズを探すという課題探索型の学習活動が不可欠になる。逞しいフットワークは創造的なヘッドワークの力を強化する大きな力になる。

　ただ、実践的な DA ラーニングが注目されるようになると、学生は教室での講義を聴くこと以外の学習活動では、（どんな学習活動であれ）実際に自分で動き回ることだけに強い関心を移して、フットワークを生かして自主的に動き回ることが DA ラーニングであり、それだけでもう十分学習成果をあげることになる、と誤解する危険性が出ている。それは決して本来の DA ラーニングではない。自分の頭でものごとを論理的体系的に考えるという学修者にとって不可欠な学習の習慣が軽視されているからである。優れたヘッドワークの力と逞しいフットワークの力が一緒になってはじめて、チームの課題を実践的に深く分析したり、現実に有効な問題解決策を提案したりすることが可能になる。

4節　理想社会の実現と人材育成

1　理想社会の実現

①*夫子憮然として曰く、鳥獣は与に群を同じくす可からず。吾れ斯の人の徒と与にするに非ずして誰と与にせん。天下　道あらば、丘　与て易えざる也。(微子18-6、井波546)*
「先生はがっくりして言われた。鳥や獣とは仲間になれない。私はこの人間たちといっしょにいないで、誰といっしょにいようか。天下に正しい道が行われていれば、丘（孔子のこと）は変革しようとしないであろう」

②*子曰く、政を為すに徳を以てせば、譬えば北辰の、其の所に居て、衆星の之れに共うが如し。(為政2-1、井波22)*
「先生は言われた。政治を行うのに徳によったならば、北極星がじっとその場にいて、他の多くの星がこれに向かっておじぎをするように、調和がもたらされるだろう」

③*子曰く、朝に道を聞かば、夕に死すとも可なり。(里仁4-8、井波88)*
「朝、おだやかな節度と調和にあふれる理想社会が到来したと聞いたら、その日の夜、死んでもかまわない」

〈解説〉
①社会は人間が共存し交流する場であり、世の中から隠遁していては理想の社会を実現させることはできない。その社会がこんなに混沌とし乱れているので、隠遁などとてもできないことだ。②この世を治めるのに優れた徳目を中核において行えば、自然とその周りの国がその国の徳を慕って同じ方向に向かうようになる。その結果、多くの諸国では、北極星を軸にして規則正しく回っている全ての星のように、永続して安定的に平和な調和と幸福がもたらされる。③それが実現したら孔子が待ち望んでいる理想社会の姿になるが、その実現は難しいものである。

　我々が住んでいる社会では、多くの人々が相互に共存し交流している。人はただ一人で生きるわけではなく、多くの周囲の人々と交わりな

がら生きる社会的動物である。異なった多種多様な考えや行動特性を持つ多くの人々が相互に深く緊密に接触するようになると、摩擦や軋轢など様々な深刻な社会的問題や紛争が発生して絶えず社会の緊張状況が続き、その中で多くの人間の集団が安寧と調和を失う危険性が強くなる。そういった社会環境の中に投げ込まれると、人はそれだけ日常生活の中でより大きな不安や危険性・緊張を強いられ、落ち着いて安寧で幸せな日々を送ることが難しくなる。したがって、個々人の幸福実現には、人々の協力によってこうした社会的に深刻な諸問題を絶えず早急に解決していくことが求められている。

2　社会問題の解決と実践的な学習

（1）社会問題の解決

① 子曰く、篤く信じて学を好み、死を守って道を善くす。（泰伯8－13、井波227）
「先生は言われた。確信をもって学問を愛し、命あるかぎり正しい道の実現のために尽くす」

（解説）
①学問を懸命に収めながら、それをもとにして理想的な社会の実現に向けて精一杯に尽くす。

　孔子は、個人個人の理想的な姿を追うと同時に、理想的現実主義者としてそれを基にした理想的な社会の建設を懸命に模索していた。現実の社会活動と遊離して動く人間ではなく、周りの社会で生起する多様で深刻な課題を絶えず発見し、その問題解決に取り組もうとする人間が重要であり、その個々人の活動において発揮される優れた仁徳を通じて理想的な良い社会を導き築いていこうと考えた。社会的人間としての個々人が仁徳を磨けば、そこに多くの人が集まってきて社会もよくなっていく。仁徳のある人々は、仁の行われる理想社会の実現に努力するようになるからである。
　理想的な社会の実現には、高い道徳律と深い学識をもとにして多種多様な社会的な諸問題を絶えずそれぞれの現場で解決していくという、能

力の高い人材を育成していかなければならない。社会人として問題解決能力の高い「人材基礎力」の育成強化が、もっとも重要な課題になる。DAラーニングは、単に知識の修得だけでなく、社会人としての幅広い社会性を兼ね備えた「人材基礎力」の習得を基本的な学習目標にあげている。信頼される社会人として行動するには、正義心と他人への思いやり「恕」の心に富んでいるだけでなく、その言動において社会的マナーとして十分に「礼節」と「謙譲」をわきまえ、多くの人から十分な「信頼」をうるようなものでなければならない。

　日本では、明治時代の国つくりも、基本的にはこのような公共心豊かな優れた人材の育成を通じて進められてきた。福沢諭吉の言葉「一身独立して一国独立する」にあるように、熱心な学習活動を通じて自立した個々人がその優れた才能やスキルをそれぞれに置かれたところで最大限に発揮することで、日本という社会も発展するものと考えられていた。

（2）実践的な学習活動

① 子夏曰く、博く学びて篤く志し、切に問いて近く思う。仁その中に在り。（子張19−6、井波562）
「子夏が言った。広く学んで（ここぞというところで）集中的に考え、切実な問題意識をもって身近なことから考えていく。仁徳はこのなかから生まれてくる」
② 子夏曰く、賢を賢として色に易え、父母に事えて能く其の力を竭くし、君に事えて能くその身を致し、朋友と交わるに、言いて信有らば、未だ学ばずと曰うと雖も、吾れは必ず之れを学びたりと謂わん。（学而1−7、井波8）
「子夏は言った。賢者は賢者として美女のように尊敬し、父母に仕えて力のかぎりを尽くし、君主に仕えて骨身を惜しまず、友人との交際において、自分の言ったことに誠実であるならば、たとえその人が正式に学問をしたことがなくても、私は必ず学のある人として認める」

〈解説〉
①では、実践的学問論の基本姿勢「博学近思」を取り上げている。広く豊かな教養を習得し、関心の深い身近な問題を集中的に取り上げて思索を深めていく。広い視野の「鳥の目」と深く掘り下げる「虫の目」で学習することの重要性を指摘している。②社会現場のいろいろなところで

実践的に「仁」の行動をきちんとできている人は、すでに「仁」の学習が進んでいる状態にあると言えるのだ。

　学習活動の目的が、現実社会の中で求められている「義」「仁」「礼」「信」などの諸徳の習得と考えると、学習方法にはそれに相応しいやり方が求められる。
　DA ラーニングでも、学生が社会の現場の諸問題に直接触れながら、自らの興味関心にしたがって能動的に学ぶ実践的学習活動が重視されている。自ら主体的に学習の課題を見つけて学習目標を設定し、単に文献だけでなく社会の現場に出て新しい知識情報を収集する。そこで観察した社会現象に焦点を絞り、コンセプト・マッピングのなどの手法を用いてこれら諸現象の動きの抽象化・体系化をし、それを基にして論理的な思考を深め、問題解決策を探っていく。その学習過程では、単に学問的な知識の習得・創造だけでなく、人間性に関するもろもろの基本的な徳を学習することになる。社会の現場の実情に即して実践的に学んでいくことで、これからの社会生活で必要な様々な能力、「人材基礎力」を構成する４つのワークの力が育成され鍛えられていく。

5節　理想的な個人として君子の人物像〜社会的リーダーの姿

1　人間としての品格と総合力　〜リーダーの条件

　論語では、孔子は「仁」の内容に関して一定の定義をするのではなく、人の「仁」の実践の仕方について具体的に話しながら仁の内容を語っているが、特に「仁」などの徳を実践する君子や士など社会的リーダーの理想像を描くことで、仁徳の内容を具体的に示すことに力を注いでいる。

（1）すべての民を安心させる君子

①子路　君子を問う。子日く、己を脩めて以て敬す。日く、斯くの如きのみか。日く、己を脩めて以て人を安んず。日く、斯くの如きのみか。日く、己を脩めて以て百姓を安んず。(憲問 14-43、井波447)

「子路が君子についてたずねた。先生は言われた。自分の身を修めて慎み深くすることだ。(子路が) 言った。そんなことだけですか。(先生は) 言われた。自分の身を修めてほかの人を安心させることだ。(子路が) 言った。そんなことだけですか。(先生は) 言われた。自分の身を修めてすべての人々を安心させることだ」

〈解説〉
　君子や士などの社会的リーダーの基本的な特徴として、民衆や他のメンバーに対して指導的な立場におかれていること、さらに、それに相応しい人格・教養を持っていること、などがあげられる。自分の身を修めて自ら慎み深くし、他人に対しては安心感を与え、広く社会の人々を安心させる、そうした人が君子と呼ばれている。

（2）高い品格と文質彬彬

①子日く、驥はその力を称せず、その徳を称するなり。(憲問 14-34、井波437)

「先生は言われた。駿馬は走る力が称賛されるのではなく、その品格が称賛されるのだ」

②子曰く、質　文に勝てば則ち野。文　質に勝てば則ち史。文質彬彬として、然るのちに君子。（雍也6-18、井波159）

「先生は言われた。素朴さが文化的要素をしのぐと野蛮になり、文化的要素が素朴さをしのぐと自然さがなくなる。素朴さと文化的要素との均衡がとれてこそ君子だ」

〈解説〉

①では、人間として秀れた能力だけでなく品格の重要性を指摘し、②では、そのために誠実で高潔な精神と自然な礼節のある行動とのバランスが重要になることを話している。文化的な素養がどんな素晴らしい人でも礼を欠いた素朴な言動をしていると田舎者と呼ばれてしまう。また、生来の人間らしい明るさという素朴さを失うと、その人の言動において自然の良さが無くなってしまう。

　君子は、政治的な実力があるだけではなく、そこに品格、徳があることで高く評価される。自然的な素朴さと文化的素養とのバランスがとれていること（文質彬彬）が重要であり、どんなに有能で豊かな知識に恵まれた人でも、礼節を欠いた言動をすると人間としての品格を失って野蛮になってしまう。逆に、文化的な素養である礼節の細かなことにあまりにもとらわれ過ぎていると、人間本来の自然な明るい振る舞いを忘れて窮屈になる。孔子は、このように人間として後で習得した文化的な教養と本来もっている人間的な自然の姿とのバランスを重視しており、そこに過度にかた苦しさのない明るくのびのびとした孔子の教育塾の雰囲気がよく窺われる。

（3）人間としての総合力

①子曰く、君子は器ならず。（為政2-12、井波34）

「先生は言われた。君子は用途のきまった器物であってはならない」

②達巷党の人曰く、大いなる哉　孔子。博学にして而も名を成す所無し。（子罕9-2、井波239）

「達巷村の人は言った。偉いもんだ、孔子さまは。広くいろいろなことを学びながら、特にきまった専門家としての名声はおもちでないのだから」

〈解説〉
①君子は、特定の用途にだけ用いられる器のようなものであってはならない。②で孔子も、ある特定分野の優れた専門家というのではなく、幅広く学んで知識の豊かな大人に成長し、人間としての総合力の大きさが深い魅力になった。

　君子は、限られたある分野に関する狭い専門家ではない。自分の得意な分野だけでなく、総合的に見て幅広い多様な分野にわたる汎用性の高い能力を兼ね備えていて、社会的な問題に関して幅広い視点から総合的に観察し分析し、状況に応じて適宜に判断し行動できる人間である。それは、いわゆる「Ｔ字型」能力の高い社会的リーダーである。
　「Ｔ字型」能力とは、縦軸で見ると、ある特定分野で高度に秀れた専門的能力を持ち、同時に横軸で見ると、多様な専門分野にわたって学際的複合的総合的な幅広い知識や見識をもって正しい判断ができる能力のことである。われわれは、約３０年前日本の大学で初めて総合政策学部の創設に向けていろんな議論を重ねていた時、現実の多様な社会問題について、学際的な知識の総動員によって総合的に解決できる「Ｔ字型」能力の人材育成を新学部の基本目標に設定した。従来のような各専門分野の学部別に縦割りに編成された日本の大学教育システムでは、「Ｔ字型」人材の育成に限界が見られたからであった。
　また、２０年近く前には、学際的教育システムの一環として大学に「学部間連携教育プログラム」（FLP）が設立され、実践的教育のDAラーニングが全面的に導入された。本書のDAラーニングは、このFLPで展開されている実践的なチーム学習活動の一つである。FLPは、意欲的な学生の能動的な努力に支えられて大きな教育成果をあげており、平成１９年度文部科学省の「GP（Good Practice）；他大学に参考になる良い教育取組」に採択されている。

2　君子の生き方

（1）天命を知る

① *子曰く、命を知らざれば、以て君子と為す無き也。（堯曰20-3、井波590）.*

「先生は言われた。天が自分に与えた使命や運命を知らなければ、君子ではない」

② 子曰く、天　徳を予れに生せり。（述而7−22、井波196）
「先生は言われた。天が私に徳をさずけられている」

〈解説〉
　君子のもっとも基本的な資質は天命を感知する能力である。君子のやるべき仕事は天命に従ってこそ初めて意味のあるものになると考えられているからである。どんな危機に直面しても天が与えた命に従って悠然として正しい行動するのが、理想的な君子である。孔子も、生命の危機にあって自らの天命を再認識している。

（2）知者、仁者、勇者の生き方

① 子曰く、知者は水を楽しみ、仁者は山を楽しむ。知者は動き、仁者は静かなり。知者は楽しみ、仁者は　寿し。（庸也6−23、井波163）
「先生は言われた。知者は水を楽しみ、仁者は山を楽しむ。知者は動的だが、仁者は静的だ。知者は楽しく暮らし、仁者は（穏やかに暮らして）長生きする」
② 子曰く、君子の道なる者三つ、我れ能くすること無し。仁者は憂えず、知者は惑わず、勇者は懼れず。子貢曰く、夫子自ら道う也。（憲問14−19、井波432）
「先生は言われた。君子が実践しなければならない生き方は三つある。私はどれもできない。仁者は悩まない。知者は迷わない。勇者は恐れない。子貢が語った。それは先生がご自分のことをおっしゃったのですね」
③ 子曰く、知者は惑わず。仁者は憂えず。勇者は懼れず。（子罕9−30、井波267）
「先生は言われた。知者は迷わない。仁者は悩まない。勇者は恐れない」
④ 仁者は必ず勇有り。勇者は必ずしも仁有らず。（憲問14−6、井波406）
「仁者は必ず勇気があるが、勇気のある人が仁者とはかぎらない」

〈解説〉
①②③は、仁者と知者を比較してその特徴をあげている。②③では、さらに勇者も加えて比較している。孔子はこの3者の特徴を兼ね備えてい

たが、人によってはここでいう知者の特徴をより強く持っている人もいれば、仁者の特徴をより備えている人もいる。両タイプの人間を比較して特徴を述べているだけであり、両者の優劣はつけていない。知者は活発な知的好奇心で水のようによく動き、迷い立ち止まることがなく、いつも優れた創造力による新しい発見・創作の仕事を通じて人生を楽しんでいる。他方、仁者は、山のようにいつの時も変わらずどっしりとして、思いやりの愛の心に恵まれ、周囲の人々を温かく包み込みながら静かで平穏な時間を過ごし長生きすることができる。④「仁」の方が「勇」よりもより上位の概念である。

（3）秀れた君子の生き方　～「仁」に近い

① 子曰く、君子は泰かにして驕らず。小人は驕りて泰かならず。
（子路13－26、井波396）
「先生は言われた。君子はゆったりと落ち着き、傲慢ではない。小人は傲慢だが。落ち着かない」

②子曰く、君子は義に喩り、小人は利に喩る。（里仁4－16、井波96）
「先生は言われた。君子は義（正しさ）に敏感に反応し、小人は利益に敏感に反応する」

③ 夫れ達なる者は、質直にして義を好み、言を察して色を観、慮って以て人に下る。邦に在りても必ず達し、家に在りても必ず達す。
（顔淵12－20、井波360）
「そもそも達とは、素朴で正義を好み、人の言うことをよく聞いて、相手の感情をよみとり、深く考えて人にへりくだる。そうすれば、国に仕えているときも必ず自然に称賛され、家にあっても必ず称賛される」

④ 子張　仁を孔子に問う。孔子曰く、能く五者を天下に行うを、仁と為す。請う之れを問わん。曰く、恭・寛・信・敏・恵。恭なれば則ち侮られず。寛なれば則ち衆を得。信なれば則ち人任ず。敏なれば則ち功有り。恵なれば則ち以て人を使うに足る。（陽貨17－6、井波517）
「子張が仁について孔子にたずねた。孔子は言われた。五つのことを天下に実行できることを仁とする。（子張が言った）。どうかその（五つの）ことをお聞かせください。（孔子は）言われた。恭・寛・信・敏・恵だ。うやうやしくすればバカにされない。寛大であれば人望が得られ、誠実に信義を守れば人から信頼され、敏捷であれば業績があがり、恵み深ければ人を十分につかうことができ

る」

⑤ 子　子産を謂わく、君子の道四つ有り。其の己れを行うや恭。其の上に事うるや敬。其の民を養うや恵。其の民を使うや義。(公冶長 5−16、井波 124)

「先生は子産を評された。君子にふさわしい四つの属性がある。みずからの行動において慎み深く、目上の人に仕えるさいには敬虔、人々を養いはぐくむさいには恵み深く、人々を使役するさいにはきちんとした法則性がある」

〈解説〉
①君子は、日常生活ではゆったりと落ち着いている。②常に敏感に「義」正しいことを考え、損得勘定にはあまり過敏にならない。③で君子は、正義を愛し、人との付き合いでは、良い言語コミュニケーションを通じて相手の感情の機微をよく察知し、自らの行動は思慮深くへりくだる。④では、仁者の日常的な行動様式の特徴として具体的に次の5つあげる、すなわち、言動はうやうやしく、寛大で、信義を大切にし、行動は敏捷で、人々へ愛情深い。⑤もほぼ同じ内容で、孔子の尊敬する子産の姿を例にとって、慎み深い行動、目上の人への敬虔な仕え方、治める人々への心温かい善政、命令するときの社会的な礼に即したやり方など、君子の行動の優れた特徴を指摘している。結局「仁」を実践する人は、日常生活においても、「義」正しさのヘッドワークに加えて、ハートワーク、フットワーク、言語コミュニケーションなどの力を十分に発揮している。

（4）上に立つ者の行動と下の者の行動

① 上　礼を好めば、則ち民　敢えて敬せざる莫し。上　義を好めば、則ち民　敢えて服さざる莫し。上　信を好めば、則ち民　敢えて情を用いざる莫し。(子路13−4、井波 373)
「上の者が礼を好めば、民衆はみな敬愛するようになるし、上の者が正しさを好めば、民衆はみな従うようになり、上の者が誠実さを好めば、民衆はみな誠実な心をはたらかせるようになる」

（5）「士」としての望ましい行動様式　～教養ある知識人

① 子曰く、士にして居を懐うは、以て士と為すに足らず。（憲問14−3、井波404）

「先生は言われた。士でありながら、私的な生活のことばかり気にする者は、士としての資格がない」

② 士は危きを見ては命を致す。得るを見ては義を思う。祭りには敬を思う。（子張19−1、井波557）

「士は危機にあっては命をかけ、利益を見れば、それが正しい道理に合ったものかどうか考える。祭祀には敬虔でありたい」

③ 子貢問いて曰く、如何なるをか斯を士と謂う可き。子曰く、己を行いて恥有り。四方に使いして、君命を辱めず、士と謂う可し。・・・曰く、宗族は孝を称し、郷党は弟を称す。・・・曰く、言は必ず信。行は必ず果。硜硜然として小人なる哉。（子路13−20、井波389）

「子貢がたずねて言った。どういう条件を備えていれば、士といえましょうか。先生は言われた。自分の行動に対して恥じる気持ちがあり、四方の国々に使者として赴いたさい、君主からの命令を（きちんと果たして）辱めることがない。それでこそ士といえよう。・・（先生は）言われた。一族からは親孝行だと称賛され、自分の住む地域の人々からは、年長者に素直だと称賛されることだ。・・（先生は）言われた。言ったことは必ず誠実に信義を守り、行いは必ず果敢なことだ。カチンカチンの角張った小人物だが、まずはそれに次ぐ条件と言えるだろう」

④ 子路　成人を問う。子曰く・・利を見て義を思い、危を見て命を授け、久要は平生の言を忘れず、亦た以て成人と為す可し。（憲問14−13、井波414）

「子路が完成された人物についてたずねた。先生は言われた。・・利益を目の前にしたときは、正しいかどうかを考え、危機に遭遇したときは、命をかけ、昔の約束は、かつて口にした言葉を忘れない。そんな人は完成された人物といっていってもよかろう」

〈解説〉
①士、すなわち、教養のある知識人は、社会的な問題に適切な関心を持つことが必要である。別の読み方として「居」を自分の住んでいる地

39

域・国と解釈すると、ボーダーレスの時代には自分の住んでいるところを離れてどんどん海外に出かけるようでないとダメと読むこともできる。②士は、危機の時には自分の命をかけて行動し、良い利益の機会があっても、それが社会的な正義にかなうものであるかどうか、常に真剣に考えながら行動する。③さらに廉恥の心をもって外交使節をそつなく果たし、身内や地域では礼節を心得た徳ある人と称賛され、個人的な言動では、信義を守り誠実さと果敢な行動力を持った人である。これはある意味融通のきかない小人物であるが、封建時代の日本の武士に通じるものがある。④も、ほぼ同じような内容である。

（6）君子の生涯の務め　～生涯にわたる強い意思と忍耐の精神

① 曾子の日く、士は以て弘毅ならざるべからず、任重くして道遠し。仁以て己が任と為す。亦た重からずや。死して後已む。亦た遠からずや。
（泰伯8-7、井波221）
「曾子は言った。士たるものは大らかで強い意志をもたねばならない。その任務は重くて、道のりは遠いからである。仁愛の実践を自分の任務とするのだから、なんと重いではないか。死ぬまでがんばって完了するのだからなんとはるばる遠いではないか」

　社会的な指導者は、天命と自ら認める重要な仕事を実践していくが、その場合当初の強い意思を固く保持しながらあらゆる困難にも打ち勝ち、よく耐えて本来の目標を達成するように、生涯にわたって懸命に努力をつづけていかなければならない。これは社会的な指導者に対して非常に厳しい責任と決然とした覚悟を要求するものである。指導者も、これは自分の天から与えられた一生の仕事と深く自覚することで、生涯にわたって頑張り続ける強い気力・胆力が湧いてくるものである。

3 孔子の人柄 〜理想的な人物像

（1）孔子の生涯の願い

① 子路曰く、願わくは子の 志 を聞かん。子曰く、老者は之れに安んじ、朋友は之れを信じ、小者は之れを懐く。(公冶長5−26、井波136)
「子路は言った。先生の理想を聞かせてください。先生は言われた。老人からは安心して頼られ、友だちには信頼され、若い者から慕われ、というふうでありたい」

〈解説〉
　孔子は、年長者にも同輩にもまた目下の人にも、慕われ信頼され安心してもらえるような人間になりたいという、普通の平凡な志を述べている。しかし、年齢世代を問わず周りの人誰にでもこのように親しく接してもらうには、本来大変な努力が必要であり、人間として大きな魅力のもとである「仁」をよく備えた人物しかなしえないものである。

（2）人間的に成長していく孔子　　〜「自伝」

① 子曰く、吾れ十有五にして学を志す。三十にして立つ。四十にして惑わず。五十にして天命を知る。六十にして耳順う。七十にして心の欲する所に従って、矩を踰えず。(為政2−4、井波25)
「先生は言われた。私は十五歳になったとき、学問をしようと決心し、三十歳になったとき、学問的に自立した。四十歳になると、自信ができて迷わなくなり、五十歳になると、天が自分に与えた使命をさとった。六十歳になると、自分と異なる意見を聞いても反発しなくなり、七十歳になると、欲望のままに行動しても、人としての規範をはずれることはなくなった」

〈解説〉
　これは孔子の短い自伝である。生涯一本道を進みながら、その途中にさまざまな能力と経験を身につけて人間としての大きな変換を遂げていくという、孔子の人間的成長の軌跡が描かれている。15歳で学問に志し、30歳で学問的に自立し、40歳でようやく自信をもって学問に没頭するようになった。50歳になるとその自信の上に自分の天命を悟っ

て仕事に取り組むようになり、６０歳になると心に余裕が出てきて周りの人の考えや行動がよく見えるようになり、うまく自分のやりたいことと調和させることができる。

　７０歳になると、自分のやりたいようにやっても社会的な規範から外れずことなく、世間は自分を十分受け入れ認めてくれる。こうして実践的な生涯学習を熱心に積み重ねていくと、時間の経過の中で大きく成長し、より豊かな幅広い能力を習得するようになる。孔子がここまで大きく成長・成熟してきた背景には、様々な苦難の中で過ごした１４年間にわたる逃避行の厳しい体験があると思われる。

（３）孔子の個人的な人柄

① 子貢曰く、夫子は温・良・恭・倹・譲、以て之を得たり。（学而1－10、井波11）
「子貢は言った。先生はおだやかさ、すなおさ、うやうやしさ、つつましやかでひかえめな人柄によって、そうした成りゆきになられたのだ」

② 子は温やかにして而も厲し。威ありて而も猛からず。恭しくして而も安し。（述而7—37、井波211）
「先生は穏やかだけれども、きびしい。威厳があるけれども、たけだけしくない。きちんとして礼儀正しいけれども、楽々として堅苦しくはない」

③ 子 四を絶つ。意母く、必母く、固母く、我母し。
　（子罕9－4、井波241）
「先生は四つのことをなさらなかった。私意をもたず、無理押しせず、固執せず、我を張られなかったのである」

④ 子曰く、狂にして直ならず、侗にして愿ならず、悾悾にして信ならず、吾れ之れを知らず。（泰伯8－16、井波230）
「先生は言われた。情熱的なのに真正直でない者、子供っぽいのに真面目でない者、バカ正直なのに誠実でない者を、私は見たことがない」

⑤ 葉公 孔子を子路に問う。子路対えず。子曰く、女奚ぞ曰わざる、其の人と為りや、憤りを発して食を忘れ、楽しんで以て憂いを忘れ、老いの将に至らんとするを知らざるのみと。（述而7－18、井波192）
「葉公が、孔子はどんな人かと子路にたずねたところ、答えなかった。（その話を聞いた）先生は言われた。おまえ、なぜ言わなかったのか。その人柄は、興奮

すると食事も忘れるが、楽しむときは憂いを忘れ、老いが迫るのも気づかない人だと」

〈解説〉
①は、孔子が訪問した各国で人々から政治的な問題について相談を持ちかけられるのは、こうした孔子の温・良・恭・倹・譲（おだやかさ、すなおさ、うやうやしさ、つつましやかでひかえめな）人柄によると述べられているが、②も合わせると、馴染みやすくて温厚善良で、しかも、控えめで礼儀正しい孔子の姿が浮かんでくる。
理想とする君子の三変の姿として、

之を望めば儼然。之れを即くや温、其の言を聴くや厲（子張19-9、井波564）「遠くから見るといかめしく犯しがたい威厳があるが、側に近づくとおだやかであり、その言葉を聞くときびしく激しい」
弟子は、孔子を理想的な君子の典型として仰いでいる。
③では、自分の好き勝手にせず、我を張らず、固執せず、無理をしない「中庸」の行動様式を大切にしている。④では、孔子は普段中庸の徳を強調しているが、真情溢れる過剰な言動の者に対しても、彼らは真面目で正直で誠実であるとして、共感と支援の気持ちを表している。孔子は懐の深い寛大な大人物である。⑤では、自分自身への自己評価で、何事かに熱中するともう辛いことも全て忘れてしまうほどに集中力の強い人間と告白している。楽しいことには感激して日々の憂いも忘れてしまい、老いの迫るのも気づかずに夢中になる。感激屋の孔子にとって音楽など楽しいことは、自分の元気を維持して長生きするための源になっている。

（4）　孔子の自省

① 子曰く、文は吾れ人の猶くなること莫からんや。躬をもて君子を行うことは、則ち吾れ未だ之れを得る有らず。（述而7-32、井波206）
「先生は言われた。学問については、私は人並みにできないことはなかろうが、みずから君子としての行いを実践することはまだまだできない」
② 子の曰わく、徳の脩まらざる、学の講ぜざる、義を聞きて徙る能わざる、不善の改むる能わざる、是れ吾が憂いなり。（述而7-3、井波176）
「先生がいわれた。道徳を修めないこと、学問を習わないこと、正義を聞きながらついてゆけないこと、善くないのに改められないこと、そんなふうになるのが

わたしの心配ごとである」（金谷128）

（5）学問好きの孔子

① 子曰く、我れは生まれながらにして之れを知る者に非ず。古を好み敏にして以て之れを求むる者也。(述而7-19、井波193)
「先生は言われた。私は生れながらにして知識をもっているわけではない。古代の事柄を好み、そのなかから敏感に知識や法則を追求しようする者だった」
② 子曰く、十室の邑にも、必ず忠信 丘 の如き者有らん。丘の学を好むに如かざる也。(公冶長5—28、井波137)
「先生は言われた。戸数十軒の小さな村にも、きっと私と同様、まごころを持った誠実な者はいるであろう。しかし、学問を好むという点では、私に及ばないだろう」

〈解説〉
①②で孔子自身も、生まれながら知識があったわけではなく、古くからの知識が好きで自分から学習活動に積極的に取り組んで知識や礼を深く学んだ。

（6）学問好きの特徴

① 子曰く、食飽くを求むること無く、居安きを求むること無し。事に敏にして、言を慎む。有道に就きて正す。学を好むと謂う可きのみ。
(学而1-14、井波16)
「先生は言われた。君子は食事については満腹を求めることなく、住まいについては快適を求めない。行動において敏捷、発言については慎重であり、さらにまた、道義を体得した人について批判を乞う。そうした人は学を好むといえよう」
② 子夏曰く、日に其の亡き所を知り、月に其の能くするところを忘る無きは、学を好むと謂う可きのみ。(子張19-5、井波561)
「子夏は言った。毎日自分に欠けている知識は何であるか、知ろうとし、毎月、自分が知ることができ体得できたことを、忘れないようにするのは、学問を好むといえよう」
③ 子曰く、之れを知る者は之れを好む者に如かず。之れを好む者はこれを楽しむ者に如かず。(雍也6-20、井波160)

44

「先生は言われた。ものごとに対して知識をもち理解する者は、それを好む者にはかなわない。好む者はそれを楽しむ者にはかなわない」

〈解説〉
①では、好んで学問する者の基本姿勢を諭している。日常的に衣食住の物質的欲望を充足させることに熱中するということではなく、言動を慎ましくして「仁」の実践に努めながら、秀れた方から教えを受けなさい。②では、自分の学習活動を振り返りなさい。毎日自分はどこまで知識を習得しているかを自省し、毎月ここまで習得し体得できた知識を忘れないように努力する。これが学習法の基本形である。③では、学習活動に関する進歩の3段階をまとめている。すなわち、学問を理解し知ることから始まり、やがて学問することが好きになり、最後の段階では学習活動そのものを楽しむようになる。学習活動の最高レベルに達すると、脳から快楽物質が大量に放出され学習活動を楽しんでいる。

　好んで学問をする者のとる学習の基本姿勢は、日々学習した知識を復習してどこまで習得したかを確認し、その知識をもとにした自分の言動に細心の配慮をしながら迅速果敢に実践的な活動をし、月ごとには、学んだことを忘れないように再度チェックして、学習活動を倦むことなく継続していくことである。その懸命な学習努力の積み重ねの中で初めて学問の成果が上がっていく。脳科学では、記憶した知識は3ヶ月ほど放置され何もしなければ、脳内の記憶容量から完全に消去されていくと考えられており、日々の復習だけでなく、月ごとにそれまで学習した知識を忘れないように再度チェックするという孔子の学習法は、脳科学的にも非常に有効なものである。
　学問好きのもっとも基本的な特徴として、学問を楽しんでやっていることである。一生懸命に学問内容を知り理解する初めの段階、学問が好きになってきた段階、最後に学問を楽しんでやる段階に分かれるが、孔子はいつも学問を楽しんでいた。学問を楽しむ段階では、学習活動に伴って脳から大量の快楽物質が放出されており、学問することによって大きな快楽が得られている。

（7）教師としての孔子

① 天　将に夫子を以て木鐸と為す。（八佾3-24、井波75）
「天は先生（孔子）を木鐸にしようと考えておられるのです」
② 顔淵　喟然として歎じて曰く、之れを仰げば弥いよ高く、之れを鑽れば弥いよ堅し。之れを瞻るに前に在り、忽焉として後ろに在り。夫子は循循然として善く人を誘う。我れを博むるに文を以てし、我を約するに礼を以てす。罷まんと欲すれども能わず。既に吾が才を竭くすに、立つ所有りて卓爾たるが如し。之れに従わんと欲すと雖も、因る末きのみ。　（子罕9-11、井波248）

「顔淵はフーッとためいきをついて言った。仰げば仰ぐほどいよいよ高く、切りこもうとするといよいよ堅い。前におられるかと思うと、ふいにまたうしろにおられる。先生は順序立ててよく人を前に進ませられる。文化的素養によって私の視野を広げ、礼の法則によって教養をまとめ集約してくださる。途中で学ぶことをやめようと思っても、もうやめられない。自分の全力を出し尽くしたつもりでも、先生はすっくと高みに立っておられる。そのあとについて行こうと思っても、よるべき手だてがみつからない」

〈解説〉
①は、国境守備官の言葉であるが、孔子は天によって社会的指導者（木鐸）として認められている。②は、もっとも優秀な一番弟子顔淵による、師の孔子に対する評価である。孔子は豊かな「仁」の習得に向けて弟子たちを意欲的に指導しながら、師を崇拝する弟子たちとの人間的なつながりをますます深めている。

2部

論語に導かれて
チームラーニング

「サムシングニュー」を目標に

2章

チーム編成と研究計画
～「知りたい」から全ては始まる

1節　学習の動機付け・モチベーション

　ディープアクティブ（DA）ラーニングを始める際のもっとも厳しい障壁は、学生に対する学習動機付けの難しさである。DA ラーニングの学習は、学生たちの自主的能動的な活動として行われる。活動の主体は学生であり、学生たちの学習への意欲や姿勢のあり方がもっとも強く学習活動の成果に影響してくる。積極的に学習活動に取り組もうという学生の集団が行う DA ラーニングでは当然、学習活動が高いレベルで展開されており、意欲的な取り組みの結果として創造されるサムシングニューの研究成果も素晴らしいものになる。主体的な学習に向けた前向けの動機付けの弱い学生がいるチームでは、それだけ勉強仲間の学習意欲もマイナスの影響を受けて、チーム活動がなかなか活性化していかない。その結果、学習成果にもその悪い影響が色濃く出てくる。教師は、まずどのようにして学生の心に主体的能動的なやる気を起こさせるかという大問題を抱えることになる。

　学生に対する学習動機付けのためには、教師の側で様々な工夫が必要になる。個々の学生の置かれた状況や能力によって、教師の行う動機づけの内容は様々に異なったものになるが、一般的な方法をまとめる。

1　夢・志

① *吉田松陰　夢なき者に理想なし、理想なき者に計画なし、計画なき者に実行なし、実行なき者に成功なし。故に、夢なき者に成功なし。*

② 子曰く、三軍も師を奪う可き也。匹夫も志を奪う可からざる也。
（子罕 9－26、井波 263）
「先生は言われた。三軍の総大将を奪い取ることはできても、一人の人間の志を奪い取ることはできない」
③ 曾子曰く、以て六尺の弧を託す可く、以て百里の命を寄す可く、大節に臨んで奪う可からず。君子人か、君子人也。（泰伯 8－6、井波 221）
「曾子は言った。幼い孤児を預けることができ、（幼い君主の補佐として）百里四方の国の政治をまかせることができ、大事件にさいしても（その志を）奪うことができない。（そうした人は）君子らしい人物であろうか、（そうした人こそ）君子らしい人物である」
④ 子曰く、甚だしいかな、吾が衰えたるや。久しきかな、吾れ復た夢に周公を見ず。（述而 7－5、井波 178）
「先生は言われた。私もひどく老いたものだ。ずいぶんになるな、周公の夢をみなくなってから」

〈解説〉
①は、有名な吉田松陰の言葉である。若者に夢を持つことの大切さを訴えている。②志はその人の存在そのものに内在する不可侵のものであり、誰からもどんな力によっても奪われるものではない。したがって、生きている限り自分の志を大切にしなければならない。③リーダーを補佐する役割の人物も、大事件にさいしてその志を決して忘れることがなければ、本当に信頼出来る君子である。ちなみに『以て六尺の弧を託す可く』の言葉は、幼君の補佐役が守るべき金科玉条の言葉と言われている。
④孔子が夢にみる周公は、周王朝の基礎を築いた理想的な人物である。若い頃から尊敬し憧れる周公の夢を度々見ることで、孔子は理想的な社会の到来を心の中に明確に描き、その実現に向けて思いを集中させた真剣な求道者であった。

　人間は誰でも将来に関して自分なりの夢を持ち、それを実現させたいと願い、希望を膨らませながら成長していく。小学生の卒業文集などには、自分の将来の姿について子供らしい夢がいっぱい描かれている。その夢を実現させるのが長い期間にわたって継続される学習活動である。学習活動の中で夢がより明確になり、より具体的なものに近づくにした

がって、自分の将来の活躍に関するはっきりした希望が描かれてくる。その時、将来自分の希望の分野で活躍するためには、それに必要な能力や感性を今から十分鍛え育てていかなければならないという強い自覚が生まれてくる。

　結局、人間の夢や志は、将来に向けて大きく視野を広げながら主体的能動的に学び鍛えていく際に大切な導きの星になる。ここでは「夢」「志」が学習の動機付けとして非常に大きな役割を果たしている。

　ただ、具体的な志を見つけるためには、それなりの知識や経験の積み重ねが重要になる。夢は大きく持っているが、なかなか具体的に自分の志として明確に認識するまでにはいたっていない若者が多く見られる。しかし、学習過程がどんどん進むと、実践の中で得た多様な専門的知識や社会での学習体験などを土台にして徐々に、将来の活躍の方向性に関して一定の輪郭をより明確に描けるようになる。こうして自分の志の内容が自分でも明確に把握できるようになると、将来それを実現させるために役立つと思われる DA ラーニングの学習活動によりいっそう意欲的に取り組むようになる。

理想主義の限界

① 曰く、是れ其の不可を知りて、而も之れを為す者か。（憲問 14－39、井波 442）
「（門番）は言った。ああ、あの不可能だと知りながら、やっているお方ですね」

〈解説〉
①大きな志を実現しようとする姿勢は、社会ではしばしば空想家という歪んだ形で見られることがある。孔子でさえ、できないことを言う空想家と揶揄されているが、世間のそんな批判に怯むことなく、自分の志の実現に向けて不撓不屈の強い意志で継続して努力していくべきである。

　誰でも生涯充実した幸せな人生を送りたいと望んでおり、その達成に向けてしっかりとした自分の夢や志を持つべきである。外部の人間には、自分の心の中にあるこの強い願望はわからないものである。社会で人々にどんな絵空事を言っていると笑われようと挫けることなく、人生の途中で様々な困難や厳しい問題に直面しても、その夢や志を忘れるこ

ともなく、いつまでもそれを人生を生き抜くための羅針盤にして艱難によく耐え、自分の人生の幸福と理想社会の実現に向けて頑張り抜かなければならない。

2　損得勘定による学習参加の判断

① 子曰く、君子は義に喩り、小人は利に喩る。(里仁4-16、井波96)
「先生は言われた。君子は義（正しさ）に敏感に反応し、小人は利益に敏感に反応する」
② 子曰く、利に放りて行えば、怨み多し。(里仁4-12、井波93)
「先生は言われた。利益によって行動すれば、怨まれることが多い」
③ 子曰く、善き哉　問いや。事を先にして得るを後にす、徳を崇くすることに非ずや。(顔淵12-21、井波361)
「先生は言われた。好い質問だね。行動を先にして、利益を得るのは後まわしにすることは、徳を高めることではないかな」

〈解説〉
①②とも、実践の行動では、自分の損得勘定を思案するよりも、まず正しいと思うことをやりなさい、と諭している。「仁」を習得しようとする時には、自己の損得勘定だけに基づいた行動様式はネガティブに見られる傾向が強い。③徳を高めるには、行動を先にして儲けのことは後から考えるべきである。

　実践的な DA ラーニングは、学生にとってかなり大きな負担になる。もしこの学習活動に参加しなければ、その時間を使って自分にとってもっと役立つことに取り組めるかもしれないと考えることもある。また、実践的学習では、実際に社会の現場に出て行って実践的な活動を展開するが、それを支えるための様々な費用が必要になる。実践的学習を行うことで期待される成果と比較して、これらの活動のための費用と時間を失うことがどれだけの意味があるか、結局損得勘定でみて自分にプラスになるかどうかで、DA ラーニングへの参加を判断することになる。学習活動への参加によって自分が払わなければならない犠牲を超えるような大きな利益が、確実に得られると判断すれば、DA ラーニングへの参

加を決断する。

　一般に学生は、あまり深く考えることもなく、必要な単位を修得するのにどちらが楽であるか、学校生活でどちらが楽しいか、また新しい実践的な学習が自分にとって面倒なことになるか、あるいは、自分の希望する進路への就職活動にどちらが有利になるかなど、目先の利害・損得勘定にだけにとらわれて DA ラーニングを行う機会を選択したり、忌避したりする。学生はしばしば目の前の安易な道を選んでいく傾向が強いが、単に今が楽であれば良いという発想では、長い将来において深刻な悔いを残すことになる。孔子はこのような目の前の安っぽい損得勘定だけでチームへの参加を考えようとする若者へ厳しい警告を出している。こうした動機でチームに参加すると、学習過程の途中で想定外の厳しい試練や困難に直面すると、しばしば気持ちがすぐに萎えて挫折してしまい、敵前逃亡のケースも出てくる。結局、かえって大きな損をだすことになる。

　近年の研究では、動機付けの新しい理論として「期待×価値モデル」がある。バークレーの説明によると「人が課題に注ぐ努力は、その課題をうまくやり遂げられるかという期待の程度（期待）、および、課題それ自体をやり遂げるプロセスに関与する機会と報酬にどのくらいの価値をおくかという価値づけの程度（価値）の産物である。人は、うまくやり遂げられるとわかっていたとしても、楽しめない課題や、自分の価値をおくものにつながらないような課題には、努力を注ごうとはしない。また、もし、どんなに一生懸命頑張っても成功できないと思っていれば、高い価値をもつ課題であっても、努力を注ごうとしない」（E.F.バークレー「関与の条件」）。

3　濃密な人間関係によって刺激される学習動機付け

① *子曰く、君子は和して同ぜず。小人は同じて和せず。（子路13−23、井波393）*
「先生は言われた。君子は人と調和するが、みだりに同調しない。小人はみだりに同調するが、調和しない」
② *子曰く、群居終日、言は義に及ばず、好んで小慧を行う、難い哉。（衛霊公15−17、井波466）*
「先生は言われた。一日中、大勢でいっしょにいながら、まともなことを話題に

せず、小利口なことばかり言いたがる。これでは、どうにもならない」

〈解説〉
①②ともに、親しい仲間と一緒にチームに参加した場合、大勢の中の誰かの考えにすぐに染まってしまうという、自立心の弱い若者の抱える問題点が指摘されている。そんな者が同じチームに入ると、しばしば長時間にわたってみなで群れあっておしゃべりを楽しむだけになり、時間の浪費になる。（5章4節の「交友の10原則」参照）

　長年多くの若者と接してその行動を見ていると、周囲の人間関係に巻き込まれて感化され影響されてしまい、自分の進むべき方向は漫然と仲間に合わせて決断するというケースがしばしば見られる。自立心の弱い者は、理性をよく働かせた合理的な判断力によって自律的に行動するというよりも、仲間に対する親愛な感情によって自己の行動を規制するという力が強くなり、その結果、人生の大切な方向選択の場においても、仲間意識という感情の強烈な指令に自分の行動が他律的に従ってしまうことになる。
　顕著に見られるのは、親友との濃密な関係による意思決定である。非常に親しい仲間が数人で群れて特定の学習チームに入ろうとすることがある。それでこれからのキャンパスライフでは、自分一人だけが仲間内でのけ者になるような心配や危惧がそれだけ少なくなるが、常に自立した独自の判断に従うよりも親しい仲間の判断に同調してしまう傾向が強くなる。自分の強い学習動機によって自主的に学習活動に参加したというよりも、親しい友人たちに誘われ、他動的に引きずりこまれたのである。これがチーム内で学習へのモチベーションを弱めてしまう。
　しばしば仲間への同調行動を優先して親しい仲間同志で群れてしまう危険性がある。日常的に相互に自分の意見を闘わせて有意義な議論をすることもなく、ただ長時間一緒に屯する傾向が見られる。個々の自立した人間の育成の場には、徒党を組んで参加している者たちの集団はあまりふさわしいものではない。

4　メンターとしての先輩の影響

① 子曰く、賢を見ては斉しからんことを思い、不賢を見ては内に自ら省りみる也。(里仁 4−17、井波 97)
「先生は言われた。すぐれた人物に会えば、自分もそうなりたいと思い、つまらない人間に会ったら（自分もあんなふうでないかと）心のうちをさぐり、自ら反省する」
② 有道に就きて正す。(学而 1−14、井波 16)
「道義を体得した人について、批判を乞う」

〈解説〉
①では、優れた人に会うことによって得られる良い精神的な刺激を取り上げている。手本にすべきメンターとしては、憧れの先輩だけでなく同輩の中の優れた仲間も大切な存在になる。あまり芳しくない先輩でも、反面教師として自分のやり方を考える際には役に立つことがある。②特に道義を体得した人はメンターとして貴重な存在であり、その厳しい言葉には素直に従う。

　学生には、すぐ上の先輩をメンターとして尊重し、先輩の行動を素晴らしい先行モデルとして真似しようとする行動パターンがしばしばみられる。メンターの先輩の所属するゼミに入り、先輩の指導を受けながら同じような研究分野の学習活動を展開したいと強く思うようになり、DA ラーニングへの取り組みを始める。先輩が意欲的に実践的な学習活動を展開して立派な成果をあげると、後に続く自分も恥ずかしくないように尊敬する先輩を乗り越えようという思いが強くなり、実際の学習活動の途中で、どんなに辛い障壁があろうと、最後まで頑張り抜いて立派な成果を上げている。
　DA ラーニングでは、チーム内の意欲的な学生の存在は、次の年度以降の意欲的な学生をゼミに誘引する大きな力になる。DA ラーニングの成功によって、さらに次の意欲的な学生が集まってくる。DA ラーニングの学習の場が、良い意味でうまく循環して優れた人材を年々育てて実社会に送り続けることができる。

2節　学習チームの編成　〜刺激し合う仲間の集まり

① 徳は孤ならず。必ず鄰り有り。（里仁4−25、井波103）
「徳を体得した者は、孤独ではなく、必ず隣人がいる」
② 子曰く、三人行めば必ず我が師あり。その善き者を択んで之れに従う。その善ならざる者は之れを改む。（述而7−21、井波195）
「私は、3人で行動すれば、きっとそこに自分の師を見つける。善い人を選んでそれに見習い、善くない人にはその善くないことを（わが身について）直すからだ」（金谷139）
③ 曾子曰く、君子は文を以て友を会し、友を以て仁を輔く。（顔縁12−24、井波366）
「曾子は言った。君子は文化的教養によって友人を集め、友人をもって大いなる徳義向上の助けとする」
④ 因ること　其の親を失わざれば、亦た宗とす可き也。（学而1−13、井波15）
「信頼すべき対象を選ぶさい、親しく近づくにふさわしい人を見失わないと、これまた尊敬される」

〈解説〉
①これは孔子の有名な言葉であるが、道義的にみて正しくて良いことをしていると、その人の周りには自然に同じような良い人が集まってくる。②③チーム内に良い仲間がいると、必ず自分もその人から学ぶところが大きく、お互いに刺激しあって知識と徳義が向上していく。これが「チーム学習」の素晴らしさである。④良い仲間を選ぶと周りから尊敬される。

　DA ラーニングでは、特定の専門領域で同じ問題意識を持つ新しい仲間たちが集まって一つのチームを結成し、チーム課題を設定して実践的な学習活動を展開していく。良い仲間たちとの新しいチーム編成は、学習活動成功のための重要な条件になる。通常1チームは5、6人の仲間で編成される。
　孔子によると、仲間集めではまず自分のことが問題になる。どのような仲間を集めるかを問うよりも、自分が十分それに相応しい人物になる

ことで、自動的に自分に似合ったよい仲間が集まってくる。自分がある社会的な問題に関して明確な問題意識を持ち、事前に問題に関する基礎的な知識をよく習得して、新しいチームを編成しようとする時、話し合う周囲の仲間も彼の課題探索学習への強い意欲と情熱に刺激されて、やる気のある友人たちがその周りに多勢集まってくる。特に人間的な魅力の豊かな若者には、自然に同じような魅力的な人間を引きつけて、非常に良いチームを編成することができる。その際、うわべの口先のうまさだけで心からの誠意が感じられない人間や、常時他人の悪口を言いふらしているような人間を、間違ってもチームに入れることのないよう慎重に仲間選びをしなさい、というのが、孔子のアドバイスである。

　長期にわたる困難な調査活動では、途中で難しい局面や深刻な問題に直面し、チームが迷い苦しむことがしばしば見られる。この時、この壁を突破するには、積極的に困難な課題に挑戦し、突破しようとする強い意欲と、チームメンバーの協働を促進させるような相互の心の融合・一体化が不可欠になる。そのために同じ問題意識を持って、できるだけやる気の旺盛な良い仲間と同じチームメイトになることが望ましい。初めからよい仲間が集まり、チーム内でより深い協力関係を築いていくことができれば、学習活動は確実により大きな成果を生む可能性が高くなる。お互いがその優れたところをよく発揮して、相互に弱みを補って助け合い、お互いの先生になって教えあうことで相互の協力の成果を高めていくことができるからである。

3節　チーム課題の設定と「研究計画書」「作業工程表」作成

1　チーム課題の設定

① 有子曰く、礼の和を用て貴しと為すは、先王の道も斯を美と為す。小大之れに由れば、行われざる所有り。和を知って和すれども、礼を以て之を節せざれば、亦た行う可からず也。(学而1-12、井波14)
「有子は言った。礼が調和を尊重することについては、先王のやり方もこの点ですばらしかった。(しかし) 何もかも調和によると、うまくゆかないところが出

てくる。調和のよさを認識して調和するとしても、礼の法則性によって節制しないと、やはりうまくゆかなくなる」

〈解説〉
①有名な言葉「和をもって貴しとする」であるが、それだけでは不十分であり、礼との兼ね合いが問題になる。あまりにもチーム内の調和ばかりに気をとられて自分のやりたいことを抑え、他動的にお互いに譲り合って協調するのではなくて、自立した高い意識を持ち、各人が社会的な礼節・規範にしたがってよくセルフコントロールをしながら相手をリスペクトし、自律的協調的に調和のある行動をしていくべきである。

　チームの研究課題の決定作業がチーム活動の第一歩になる。メンバーそれぞれが自分の問題意識を明確にし、やりたいテーマ（具体的な課題）について複数の候補をあげて持ち寄り、皆でそれぞれの考えを紹介しながら議論を深めていく。その場合、特定の社会的な問題に関する問題意識が明確で深く、関連する分野でかなりの専門的知識をすでに持っている者は、それだけ自分の関心のあるやりたいテーマに焦点を当てて問題を絞り込んできている。他方、まだ社会的な問題に関して専門的知識も乏しく、自身がこれから研究したいテーマを絞り込むことが難しい者も多くみられる。
　チームとしてある一つのテーマ（研究課題）に絞り込むためには、はじめにメンバーそれぞれがお互いにチーム課題に関する希望や意見を紹介しながらフリーにわいわいがやがやの議論を展開する。そして、各人のフリーな議論が深まっていくと、チームメンバーの共通知識基盤が徐々により豊かになってくる。その結果、候補として絞ったいくつかのチーム課題に関する共通した理解が進んでいく。やがてその議論が行き着き、徐々に収斂してくると、知識共通基盤をベースにしてメンバー全員が十分納得したチームの研究課題が最終的に決定されるようになる。
　課題決定に関する議論のこの収斂の過程は、後の学習過程でも重要な意味を持っている。この激しい議論の中でチームとして共通した問題意識と学習目標がより具体的に明らかにされてくるが、こうして全員でシェアーした明確な問題意識や学習目標は、その後の学習過程のあらゆる段階でチームメンバー全員の固い結束とやる気を支え続ける大きな力になる。
　課題に関する議論がなかなか収斂していかない場合は、チームメンバ

ーの入れ替えも含めてはじめに戻り、再度テーマ設定のための議論を繰り返していく。この段階では、このチームに参加しようとする学生たちは、しばしばどうしても拡散してしまう議論の中で、精神的に非常に苦しい葛藤を抱えて辛い時間を過ごすことになる。自分のやりたい課題に固執するのか、仲間のやりたい課題にも関心をもちながら出来る限り譲歩して一つの課題に収斂させていくのか、あるいは、チームから抜け出して別の課題のチームに参加するのか、多くの学生は迷いながら DA ラーニングの難しさを感じている。

　一日も早くチームとして一つの課題に収斂させて学習活動をスタートさせたいと思うあまり、自分の希望の課題を捨てて他人の意見に譲歩することがあるが、その場合には、どれだけ新しいチーム課題に対して新たに関心を深めてやる気を出せるかが問題になる。やむなく不本意ながら同意したという思いが強く残ると、やがて学習意欲も低下するおそれがある。逆に、自我を貫いて自分の関心のある課題をチームの共通課題として設定したリーダー格の学生は、それだけ強く問題意識を持って早い時期に学習活動に取り組めるが、一人だけ突出してしまう危険性を避けて、仲間も自分と同じような熱意と意欲で学習できるようにするために、良好なチームワークの環境を育て上げることが大切な問題になる。

　チームの課題設定の作業においては、やはり全員の調和が非常に重要視されるべきであり、メンバー中で自我（自分でやりたいという強い意思）が否定される者が出てくると、その後の学習活動の過程でチームの中に感情的なしこりが残り、メンバー全員によるすべての仲間への思いやりなど、良好なチームワークを十分に発揮できなくなる。

　チーム課題が最終的に決定された後には、新しいチーム課題のもとでこれから長期にわたってチーム一丸となって学習活動を展開していきたい、という強い意思を参加したメンバー全員で相互に確認し、さらに、最後までやり抜く覚悟と決断を明確に表明することが、DA ラーニングの最初の重要な通過儀式になる。

2　目標設定と学習の計画化

① 人　遠き　慮り　無ければ、必ず近き憂い有り。（衛霊公 15 − 12、井波 463）
「人として、遠くまで見通す配慮がないようでは、きっと身近な心配ごとが起こ

る」（金谷310）

② 子日く、暴虎馮河、死して悔いなき者は、吾れ与にせざる也。必ずや事に臨んで懼れ、謀を好んで成る者也。（述而7－10、井波182）

「先生がいわれた、虎に素手で立ち向かったり河を歩いて渡ったりして、死んでもかまわないというような（無鉄砲な）男とは、わたしはいっしょにやらないよ。どうしてもというなら、事にあたって慎重で、よく計画をねって成しとげるような人物とだね」（金谷132）

〈解説〉
①先を見通す広い視野がないと、身近の細かなことばかりに気を取られてしまい、結局、活動全体としてはうまくいかなくなる。②用心深くて、知恵があって、用意周到な計画のもとに確信を持って仕事をやり遂げる人が欲しい。新しい仕事をするには、遠い先を十分見通した周到な計画を慎重に練ることが不可欠であるからだ。

　探索型の実践的学習では、学習の目標が決まっていても実際に現場でやってみないとわからないことが多く、それに影響されて調査活動の内容が大きくぶれてしまう恐れが出てくる。あまり大きくぶれてしまうと、初めからやり直しになることもなる。一定の限られた時間内で調査活動を実施する学生の学習活動では、残された時間の厳しい制約の中で十分な成果を挙げられるかどうか心配になる。その危険性を避けるためには、チームの学習活動の前に、先生や先輩などからいろんな関連情報などを集め、目標達成までの長い学習過程に関して、全員が十分納得できるような具体的な展望のもとに慎重に長期計画を立てることが不可欠である。

　これからの学習活動の内容や進め方について、チーム内で十分明確に筋道を立てた議論を深め、それをもとにして今後の「研究計画書」の具体的な内容を詳細に練っていく。こうした用意周到な計画化が、学習活動の成功を導くことになる。途中で大きな壁に直面して活動が停滞してきた時には、事前に予定した「研究計画書」の内容を再び見て、チームの本来の学習活動の筋道を確認することで活動への新たな刺激を受け、確信を持って新しい活動に継続して取り組もうという強い意欲が出てくる。しかし、探索型のDAラーニングでは、計画を立てて着実に進めていても、しばしば当初の計画内容の変更に追い込まれることがある。

3　「研究計画書」と「作業工程表」の作成

　個々のチームは、設定された課題に関して今後のチームの「研究計画書」と作業現場での「作業工程表」の作成に取り組むが、これは新しく編成されたチームの最初の大きな仕事になる。メンバー間で十分よく話し合い、教師やファシリエーターによく相談して、研究計画書の内容を具体的に書き込んでいく。ここに書かれた研究内容が、今後のチームの学習活動を導いていく基本的な支柱になる。

　学生は、初めて経験する学習活動であるために、その内容について事前に計画書に具体的に書き込むことが非常に難しい作業になる。したがって、チームは、事前に課題のテーマに直接関連する諸文献から基本的な知識群を収集し、チームの共通知識として蓄積していかなければならない。特に先行研究としてこの分野ですでにどのような研究がなされ、どのような点が明らかにされているかを慎重に検討していけば、そこからチームの新しい活動の方向性が導かれてくる。その際、どのような内容の調査ならば、実現の可能性がより高いか、繰り返し自分たちの調査希望を明確にしながら指導者（教師やファシリエーター）との討論を深め、今後の活動内容に関してより具体的にその方向性を詰めていく。また、外部の同じ領域の専門家などを訪問し、そこで収集した専門知識なども参考にしてさらにより良い計画内容に仕上げていく。

　ある程度チーム内で議論がまとまると、最終的に「研究計画書」へ今後の調査活動の具体的な内容を記入する。これは、チームとしてはこのような内容の学習活動をしていきます、という担当教師との一種の契約書にもなり、活動期間中はこの「研究計画書」の内容を前提として教師のチーム指導が行われる。なお、「研究計画書」と「作業工程表」に書き込まれる基本的な内容は、前著『アクティブ・ラーニング』に詳しくまとめられている。

4　「作業工程表」の弾力的修正

① 子曰く、君子の天下に於けるや、適も無く、莫も無し。義にのみ之れ与に比しむ。（里仁4-10、井波91）
「君子は天下の物事を処理するにあたって、頑として（さからい）固執するので

はなく、断固として頑張（愛着す）るのでもない。ただ正義に（親しみ）即応するようにしていくだけだ」（山本 218）
②子 四を絶つ。意母く、必母く、固母く、我母し。 （子罕 9-4、井波 241）
「先生は四つのことをなさらなかった。私意をもたず、無理押しせず、固執せず、我を張られなかったのである」

〈解説〉
①学習活動では、当初の予定を途中で柔軟に正しいと思うものに修正するなど、置かれた状況に応じた弾力的なやり方が必要になる。②孔子の姿勢もその点ではすばらしく、自分勝手にやることもなく、予定したスケジュールに固執することも、利己的になって我を張ることもなかったが、本来の正しさ・義の道だけは外れないようにした。

　次に学習チームは、それぞれの「研究計画書」を基本的なベースにして、チーム作業のスケジュールに関する「作業工程表」を作成する。大体毎月のチーム活動の予定を時系列的に書き込んでおき、後で実際の作業の実施状況を一つ一つ確認しながら、チームの学習活動の進み具合をチェックしていく。
　探索型の学習活動では、実際にやってみると、はじめに想定していなかったような新しい問題や事態に直面して、作業が計画通りに進まず、しばしば当初設定した作業工程表の修正、やり直しに迫られる場合が見られる。チームの基本的な大きな枠組み（基本目的や基本目標、基本的な日程など）をしっかりと堅持しながら、途中ではその場その場の状況に適応し考えながら、「作業工程表」に示された現場の作業内容をより適切なものに切り替えていく。すでに決めたものであっても、固執せずに弾力的に柔軟な頭でチームの議論を深めて、作業の新しい方向性を模索して切り替えていくのが、探索型の学習活動の基本的なやり方である。
　ただ、未経験の学生にとってこれはかなり深刻な事態であり、指導の教師は、「研究計画書」と「作業工程表」の弾力的な見直しに取り組むように学生を懸命に励ましながら、修正の方向を適切に誘導していかなければならない。はじめのチームの議論の中で強く主張して自分の考えを通したリーダー格の学生のメンツが潰れるという理由だけで、当初決めた方針ややり方に固執するという頑固さは、孔子が一番嫌っていると

ころである。

　こうして新しい内容の「修正作業工程表」を書き上げることで、それを通じてメンバー間にしっかりした共通認識が生まれ、今後の調査作業のスムーズな実施に向けてみんなの心の準備ができてくる。

5　マイルストーン作戦と「快楽の報酬回路」

　「作業工程表」にしたがって着実に進めていくためには、全体の実施計画の中で、たとえば途中の各月ごとに順次達成目標（マイルストーン）を設定し、各月の目標達成状況を確認しながら進んでいくことが有効な手法になる。途中で大きな困難に耐えながらも予定のマイルストーンの作業を達成すると、その度に脳内に成功の報酬が得られる。その時、脳内に快楽物質が放出されており、目標達成感の喜びと自信とともに、予定の作業をここまで無事にやり終えた快適さ・心地よさが生まれてくる。この快楽物質放出の快適さや心地よさを知ると、次に再び同じ難しい局面におかれても、それに耐えて最後まで頑張ろうとする、強い気力と学習意欲が出てくる。これは、意欲→実施→困難克服→達成→快楽の報酬→意欲という形で循環する、学習意欲に関する「快楽の報酬回路」の働きである。

　直面した困難がより厳しければ、それを克服して達成した時の快楽はそれだけより大きなものになる。快楽物質の大きな放出を一度でも実感した若者は、「快楽の報酬回路」の働きをよく理解しており、そのために積極的に困難な問題を引き受けてでも高い学習意欲を保持しながら、一歩一歩前進を続けようと努力するようになる。その過程で自然に逞しい忍耐力と根気が身につく。

　論語では、子曰く、之れを知る者は之れを好む者に如かず。之れを好む者はこれを楽しむ者に如かず（雍也6-20、井波160)「ものごとに対して知識をもち理解する者は、それを好む者にはかなわない。好む者はそれを楽しむ者にはかなわない」。

　学習活動そのものを心から楽しんでやる、という段階が一番高いレベルの学習活動と考えられている。途中にマイルストーン達成という、成功に伴う快楽物質の報酬を受け取りながら展開していく「快楽の報酬回路」に則った学習は、まさに学習を心から楽しむ最高レベルの学習活動になる。

参考　「研究計画書」の要点

（ⅰ）　問題設定と現状分析

　チームは何故（Why）この課題を取りあげて研究をするのか、チーム独自の基本理念をベースにしてチームの問題意識を設定する。さらに、この研究活動で何を（What）明らかにし、どのような問題を如何に（How）解決しようとしているのか、研究目標の基本的な内容を具体的に明らかにする。その際、ケースによっては詳しい現状分析を行いながら問題の在処を明らかにしていくこともある。

　チームの問題意識と研究目標を明確に書き出しておくと、その後の研究活動の過程でやりたいことや調査の作業内容が大きくぶれるのを防ぐことができる。「研究計画書」ではこの部分が特に重要で、チーム学習の進む過程で繰り返し見直しながら力を入れて執筆すべきである。

（ⅱ）　先行研究の紹介

　基幹的先行研究の内容を整理して書き込む。さらに文献を追加する。

（ⅲ）　調査の枠組み設定（作業フレームワーク）

　ここではチームの課題に関する調査の作業フレームワークを整理する。取りあげた社会問題では、どのような社会的要因に着目していくべきか、また、その要因がどのような因果関係で設定課題に重要な影響を与えているのか、などを考えながら、チーム課題に関する調査作業フレームワークを構築し、最終的に作業仮説をまとめる。

（ⅳ）　調査方法

　具体的にどのような作業方法で調査活動を展開するか、チームが行おうとしている調査方法をまとめておく。多くのチームでは、文献調査以外にも現地に出向いてヒアリングやインタビューを行っているが、具体的に調査対象、調査場所等が決まれば「研究計画書」に記入しておく。

3章

知識情報の収集

　既存の知識群は、脳内の記憶装置に知識基盤として記憶されている。学習過程では、まず社会的な問題に関する新しい知識情報を外部から収集して脳内に取り入れるが、それらを脳内の知識基盤にある既存の知識群と新たに融合させたり、組み替えて知識の再編成したりしながら、論理的な推論による知識情報の分析作業を展開していく。こうして体系的に論理的分析を繰り返していると、最終的には問題解決のための何か新たな（サムシングニューの）知識が創造される。学習活動の最終段階では、この新たな問題解決策が学習成果として外部に発信され、外部からの評価を受ける場合が多い。これが DA ラーニングの学習過程の大きな流れである。

　以下では、こうした学習活動の実施段階に従って、知識情報の収集、分析、創造、発信の問題を順次検討していく。この章では知識情報の収集の問題について取り上げる。知識情報の収集には、学内での文献調査による知識収集と学外でのヒアリング・インタビューなどによる知識情報の収集との二通りの方法がある。まず一般的に事前に準備する予備知識の重要性を取り上げ、続いて学内の文献調査と学外での聞き取り調査について検討する。

1節　　情報収集活動の準備

1　基礎的な知識基盤の整備

　DA ラーニングでは、まずチーム全員で問題に関連する基礎知識の基盤を拡充強化していくことが重要な学習活動の第一歩になる。外部から新しい情報を仕入れる努力の前に、チームの課題にとってどのような知識や情報が重要になるのかをよく考えて、基礎知識の収集活動をしていかなければならない。適切な基礎知識が不足しているとそのために、チームとして何を問題にしてどのように学習活動をしていくべきか、思考のためのおおまかな枠組みもできずに、学習活動の初めから同じところで足踏みしているケースがしばしば見られる。ある課題に関してチームが編成されると、関連する分野における基礎知識を習得するために数冊の基本文献を取り上げ、チームの全員での輪読から始める。

2　作業課題の発見の作業　　　～調査対象の絞り込み

① *之れを知るを之れを知ると為し、知らざるを知らずと為す。是れ知る也。（為政2-17、井波39）*
「知ったことは知ったこととし、知らないことは知らないこととする。それが知るということだ」（金谷43）

〈解説〉
①情報収集活動を始める前に自分の知識基盤の内容について精査しておく必要性がある。今までの学習ですでに既知の情報は何であるのか、どこから先がまだ未知のもので、したがって、これからの研究活動で焦点を当てて収集すべき情報であるのか、明らかにしておく。これが知識情報の学習の第一歩である。
　実践的な学習活動では、専門分野の基礎に関するしっかりした予備知識を前提にして、自分の関心や問題意識から見てどうしても知っておくべき基幹的な知識情報がある。自分がまだ知らないものは何かを十分慎重に見定め、それらに焦点を絞って調査活動を展開することが大切である。学習してすでに記憶しているもの（先行研究などですでに明らかに

されているもの）は何か、関心があるけれどまだ自分が知らないこと
（未知の課題や問題）は何かを十分明確にしておく。それが論語では本
当に知るということと言われている。ある問題に関して、自分はすでに
よく知っていると知ったかぶりをして、現場で詳しく調べようとしない
と、チームの議論・分析や論文の執筆作業の段階になって、大切な論点
や情報が脱落してしまう危険性が高くなるからである。

　後のチーム論文の添削指導の場で学生たちに"この課題の分析には、こ
の面での情報が不可欠であるが、君たちの調査活動でどのような情報や
知識を集めて分析したのか"と問いただすと、"現場で質問するのを忘れ
ていました"、"一体君たちは何のために調査に行ってきたのか"、こんな
情けない会話が飛び交うことがしばしばある。謙虚な気持ちで、知らな
いことははっきり知らないとして、現場で専門家に直接話を伺ったり、
資料を探すなどの作業に取り組むべきである。

　調査活動の目的は、自分たちの知的好奇心に従って関心が強いけれど
もまだよくその内容がよく分かっていない未知の課題について現場で調
べることにある。調査対象に関する情報知識の中で、チームとして既知
のものと未知のものに分けて十分確認し、まだ未知で重要と思われるも
のに焦点を絞りながら調査活動を展開していくことが望ましい。こうし
た研究課題の発見の作業は実践的学習活動では特に重要なものになる。

3　外部調査に向けて事前に予備知識の整備

　外部の調査活動に出る前には、事前の準備作業として調査に関する
種々の基礎知識をよく整備することが必要になる。今後面接予定の相手
の（企業）活動に関する文献・資料、さらに相手の研究者や研究機関が
書かれた文献・資料があれば繰り返しよく読んで、どこがチームとして
興味のあるところか、どこがまだよく分からずにより詳しく伺いたい点
かなど、相手の企業や研究者に詳しく説明できるように、チームの共有
知識として事前に全員の頭に十分に叩き込んでおくことが不可欠であ
る。忙しい人々の貴重な時間を自分たちの活動に割いていただいている
ことを十分理解して、誠心誠意全力で準備段階からインタビュー活動に
取り組んでいくことが求められる。良いマナーのチームは、必ず先方か
ら高く評価されて積極的な協力が得られるようになる。

　海外の現場に立ったチームは、問題に関する事前の知識を総動員し、

その上で全員の鋭い観察力を最大限に発揮して現地の状況を詳細に正しく観察し、そこから何か新しい気づきと知見をつかんでいかなければならない。そのためには、チームの学習活動で設定された問題意識や調査目的を、「研究計画書」にしたがって全員で事前にもう一度しっかり明確に認識しておくことが不可欠である。

　学生の海外調査活動などでは、指導の先生に引率されて漠然と旅をすると、学生はつい大切なものを見落とすことが多くなる。しかし、自分の興味に従って自発的に設定した課題に関して鋭い問題意識と豊かな基礎知識をもって現地に行くと、観察対象がチーム課題と直接的に関係するものに絞られてより具体的なものになる。

　また、現地における社会現象の細部の違いにも気づくことがある。脳内の記憶装置の中にこの事象に関連した事前の知識が十分に蓄積されていると、その既知の知識と比較し類推することで、新しい事象の本質的な特徴をより明瞭に認識できるようになる。事前の知識が十分準備されていないと、観察された事象の新しさ、違いや異質性に気づくことが困難になる。

2節　学内における文献調査

1　「暗黙知」の重要性

　ネットワーク上で「形式知」の知識や情報を収集することは、情報化が進むと検索機能も充実し、ますます容易になってくる。逆に今や知識や情報がネットワーク上に氾濫しており、その結果、Google などの検索機能を使って自分の欲しい知識情報を手に入れようとしても、初心者にとってはしばしば本当に適切で必要な情報に正しくアクセスすること自体が難しくなっている。検索しようとしても、膨大な情報の中でどれが自分にとって今本当に必要で重要な情報であるのか、短い時間に正確につかみ取ることができない。特に学問的に未熟な学生にとって、自分の学習活動に必要になるような適切な情報にアクセスすることが難しくなっている。

　情報収集作業において、ネット上でアクセスした多様な知識内容につ

いて、その適性や望ましさを判断して情報の取捨選択をすることが必要になるが、そこでは専門家の持つ「暗黙知」が案内役の役割を果たすようになる。この分野の専門家や経験者に伺うことで彼らの持つ「暗黙知」を頼りにしながら、膨大な情報の中で自分の求めている適切な情報に直接正しく行き着く道が大きく開かれてくる。学生たちは、常時指導教師やファシリエーター（さらに外部の関連領域の研究者）と相談し対話を繰り返しながら教師の持っている「暗黙知」を活用していく。

2　「虫の目」と「鳥の目」による文献収集

① *子夏曰く、博く学びて篤く志し、切に問いて近く思う。仁その中に在り。（子張19-6、井波562）*
「子夏が言った。広く学んで（ここぞというところで）集中的に考え、切実な問題意識をもって身近なことから考えていく。仁徳はこのなかから生まれてくる」

〈解説〉
①では、前述のように、実践的学習における学び方の基本姿勢「博学近思」を取り上げている。広く豊かな教養を習得し、関心の深い身近な問題を集中的に取り上げて思索を深めていく。広い視野の「鳥の目」と深く掘り下げる「虫の目」で学習することの重要性を指摘している。

　文献資料の調査では、必要な知識情報をできるだけ多く収集しなければならないが、限られた時間の中では、取りあげている課題に直に関連する知識や情報に焦点を絞って必要な知識情報を収集していく。漠然と脈絡なく収集するよりも、一定の目的に沿って資料収集を進めた方が、短期間にはるかに効率的により多くの関連文献から必要な情報を集めることができる。
　次にこの基本的な文献をベースにして「芋づる式」に次々に関連分野の文献を集めていく。その際、基本文献の末尾にまとめられている「参考文献」リストを積極的に活用して新たな文献の検索を進めていくのが、一般によく使われている収集方法である。
　また、インタビューをした研究者には、関連する重要文献について紹介推薦をお願いすることもあるが、これはチーム学習にとって非常に効

果的な文献収集法である。「暗黙知」の豊かな先生は、膨大な文献の中から当該学生のチーム研究にとってより重要性の高い文献や資料を適切にピックアップして教えてくれるからである。当該専門分野の優れた専門家である先生から紹介された文献を読んで得た情報知識は、長い学習過程でしばしばチーム全員の共通したもっとも重要な基本知識になる。最後の論文執筆作業においても、当該文献がもっとも重要な先行研究として取りあげられる。先生との直接的な質問内容の話し合いだけでなく、基本的な文献の紹介や案内などを通じて、外部の多くの先生が、学生の学習活動を支援し誘導してくれる。

「虫の目」によるチーム基本文献の学習　～基幹的な共通知識の習得

　学習活動の開始に当たってチームは、まず教師などと相談しながらチームの研究活動にとってベースになる基本文献を4～5冊選び出す。基本文献は、繰り返し何度も一行一行深く読み込みながらお互いに議論し、「虫の目」で細部まで正しい理解を深め、その成果を全員の脳の共有知識基盤の中にきちんと整理していく。疑問点は徹底的に議論して検討し、ここから発展させていくとどのような新しい問題や調査の展開が期待されるかを常に考える。

　こうした「虫の目」を働かせたくり返し作業の結果、関連分野における重要な専門用語群やそれらの因果メカニズムなどに関する、高度な専門知識の基幹的基盤がメンバー全員の頭の中にきちんと整備されてくる。記憶装置の中のこの共有知識基盤を有効に活用すると、チームの協働的な作業がよりスムーズに進み、チーム内の討論内容が自ずとより深いものに発展・収斂していく。

「鳥の目」による鳥瞰的な文献探索と社会事象の総合的な観察

　実践的な探索型チーム学習には、「鳥の目」による幅広い文献調査も重要である。チームの課題に焦点を絞った文献調査をして知識情報が徐々に蓄積されてくると、チームメンバーの関心がより幅広く周辺のものに広がっていく。勉強すればするほど、その他の関連したものの知識情報に知的な関心が移っていき、さらに今までの課題に直接密に関連するものを超えていっそうの知識情報を習得しようとする。こうして習得した知識情報が雪だるま式に広がっていくと、チームの共有知識基盤の幅がはるかにより広く、その内容がより豊かにより深くなる。

　次に、「鳥の目」で観察した幅広い諸々の社会事象について、その全

体の枠組みをコンセプト・マッピングに描いてみると、社会事象を動かしている様々な関連する諸要因が相互にどのような因果関係の糸で結ばれて作用しているか、社会的な働きの仕組みが幅広く視覚的直感的により明確になってくる。その結果、チーム学習において、より総合的な視点、今までと違った発想から、重要な諸々の社会事象を幅広く観察し総合的に分析していくことができる。

3　幅広い文化的教養の修得

① 子曰く、小子何ぞ夫の詩を学ぶ莫きや。詩を以て興す可く、以て観る可く、以て群う可き、以て怨む可し。(陽貨17-9、井波521)
「先生は言われた。若者たちよ、どうして詩(詩経)を学ばないのか。詩を学べば、もろもろの事がらを比喩的に表現できるし、世間を観察できるし、みんなといっしょに楽しむことができるし、政治を批判することもできる」
② 文武の道有らざること莫し。夫子　焉くにか学ばざらん。而して亦た何の常の師か之れ有らん。(子張19-22、井波576)
「いたるところに文王・武王の道は存在しているのです。だから先生はどこでも誰にでも学ばれなかったことはなく、またきまった先生など、もたれなかったのです」

〈解説〉
①孔子は、より広い豊かな視野をもって考え判断して表現することもできるし、みんなと一緒に楽しむこともできると、文化的な素養を深めるために若者に詩を勧めている。②で、文王・武王の道とは、周の伝統的文化をさしており、豊かな文化的教養を習得するには、伝統的な基本を大切にして、いつでもどこででも強い関心を持って自分の独力でも学ぶことが必要であると、励ましている。幅広い文化的素養の吸収には、必ずしも特定の決まった先生につく必要はないのだ。

　DA ラーニングは、社会問題について広い視点から考察して総合的な解決策を探っていく。その際、人間的な思考力の大きさを決めるのは、その人の背景になる文化的な素養である。豊かな文化的教養を備えた人は、個々の社会問題を取り上げて考察する場合にも、社会全体のあり方

について自分なりの基本的な考えを持ち、その思考の枠のなかで適切な問題解決策を模索するようになる。DA ラーニングの実践的な学習活動でどんなに時間的な制約が厳しくても、日常的に多様な分野の読書を通じて自分の視野を広げ、社会の多様な文化的背景を理解し、柔軟な思考力を身につけるべきである。

4　図書館機能の重要性

図書館や生協の書籍売り場への親しみ

　学内における情報収集の活動では文献資料の調査が中心になる。図書館には膨大な資料（統計資料を含めて）や文献（本と論文）が整備されており、この図書館の宝庫を如何にうまく活用するかが、学習成果に大きく反映される。大学に行くと必ず図書館に出入りする、という日常的な習慣が、大学生活の早い時期からできあがると、授業の合間の少しの休み時間もうまく活用して、知識情報の収集活動をスムーズに進めることになる。

　最先端の領域では、最新の研究成果をまとめた著作が必ずしもすべて図書館に整備されている訳ではない。その場合、必要不可欠な本は自分で購入することになるが、書店や生協の本売り場等に並べられる関連図書類について、自分のチーム課題に関連した最新の本がないか常時細かな注意を払って探すことが求められる。

DA ラーニング学習における図書館機能の重要性

　伝統的な大学の授業では、先生の一方向的な講義が中心に展開されている。学生は、担当教員から指定された教科書や参考書を購入し、黒板に書かれた先生の説明など、講義内容をノートにとりながら、学問内容を正しく理解し、暗記していく。最後にテストがあり、一定の点数をとることで当該科目履修の単位が公的に認定される。一般には、指定教科書を購入するだけで十分であり、専門の図書館資料との知的な内在的つながりが弱くなっている。図書館にまったく行かないで大学を卒業する学生も見られる。

　DA ラーニングでは、学生が自分の問題意識に従って研究課題を主体的に設定し、自分の考えや判断に従いながら、具体的により深く調査活動を展開していく。調査は、まず図書館の様々な文献資料を探索し、さら

に自らの問題意識に従って外部の世界に出かけ、実地見学による観察やインタビューなどを行う。その知識や情報を取りまとめて調査成果に発表し、公式に評価（単位）をうけることになる。自らの設定する課題に関しては、特に教師から指示された特定の教科書（チーム共通の基礎的な教材群を除いて）はなく、自らの意思で図書館などにおいて関連するいろいろな文献資料を調べ、探索していかなければならない。

　DA ラーニングでは、関係する知識や情報を十分に集めなければ、課題解決のための思考と議論はまったく前に進まない。図書館に良い文献が揃っていると、学生たちはそれだけより容易に専門的な知識にアクセスすることができる。豊富な資料を持つ「知の宝庫」である図書館は、学生の DA ラーニングの学習活動にとって、不可欠な役割を果たしている。関連する分野の文献に関する「ライブラアリアン；図書専門家」が近くにいれば、自主的に調査活動を展開する学生にとって非常に有効な水先案内人になる。日頃から図書館に親しみを持つことが、DA ラーニングのもっとも基礎的な学習法である。

　最近では「ラーニング・コモン」として図書館が、学生たちの自主的な DA ラーニングの場を提供している。ここで常時学生たちは自主的な集まりを持ち、調査してきた知識や情報をベースにして議論を深め成果をまとめることになる。教師の一方向的な講義形式から学修者が自ら参加する DA ラーニングに学習活動の重点が移ってくると、教育における図書館の役割がますます重要になってくる。

3節　実社会における情報収集の方法

1　適切な相手に適切な対応をする

　若い学生たちが、DA ラーニングで実際に社会に出て貴重な情報を収集しようとする時、人との出会いという縁が非常に大きな役割を果たしている。はじめのうちは、教師やファシリエーターのアドバイスなどに従って、外部の適切な人材を選んで訪問している。どの協力者がチーム課題の調査でもっとも適切な情報提供者になってくれるかどうか、学生自身ではなかなか判断できないからである。ただ、自分たちの考えや意

向を素直に相手に伝えると、相手の得意な情報知識がこちらの聞きたいことと違っていたり、時間的な都合などの面でなかなかうまくゆかないことがしばしばある。

　学生は、限られた時間で懸命に新たな面接相手探しを繰り返しており、チームの調査にとって最善の情報提供者に出会うのは、まさに「縁」といってもよいほど偶然に恵まれたものになる。運良くそのような相手との良縁に恵まれれば、貴重な最新の情報を得て、チームの調査成果は非常に優れたものになる。「アポ取り」はチームにとって極めて重要な作業になる。

① 子曰く、賢を見ては斉しからんことを思い、不賢を見ては内に自ら省りみる也。　(里仁 4-17、井波 97)
「先生は言われた。すぐれた人物に会えば、自分もそうなりたいと思い、つまらない人間に会ったら、(自分もあんなふうでないかと) 心のうちをさぐり、みずから反省する (というふうにしなさい)」

② 子曰く、惟だ仁者のみ、能く人を好み、能く人を悪む。(里仁 4-3、井波 82)
「先生は言われた。仁徳を体得した人だけが、真に人を好み、人を憎むことができる」

③ 子曰く、与に言う可くして、之れと言わざれば、人を失う。与に言う可からずして、之れと言えば、言を失う。知者は人を失わず、亦た言を失わず。　(衛霊公 15-8、井波 459)
「先生は言われた。語り合った方がよい人物なのに語り合わないと、その人を失うことになる。語り合うべきでない人物と、語り合うと、言葉がむだになる。知性のある人は、人も言葉も失わないものだ」

〈解説〉
①優れた人に出会うと自分も良い影響を受けることができる。チームの研究にとって適切な人とお会いする約束が取れると、重要な相手の暗黙知や現地情報が得られるようになり、現地調査の成果が大きく期待される。②徳を体得した人に出会えばその人を大切にし、良くない人は憎んで受け入れない。相手を見る判断力を磨きながらネットワーク力を高めて、縁の輪を拡充強化していくべきである。③相手をよく見て話しかけることが大切である。話すべき人にはきちっと話し、話しても無駄な人

にはきちっと識別して無駄な時間を使わない。

　孔子のアドバイスは、一般的な縁づくりに関するものであるが、学生の場合も良縁を得るには、チーム自身の人間的な能力や徳が問われてくる。学生たちが強い学習意欲に燃えてすでに相当豊かな専門的知識を習得し、外部との対応においても非常に礼儀正しく振舞っている場合には、外部の人もそれを高く評価して、信頼できる学生として積極的に相手にしてくれ、調査のための人材ネットワーク作りに協力を惜しまない。まじめにこつこつと実践的な調査活動に取り組んでいる若者に対しては、実社会も非常に温かく迎え入れてくれる。

　ただそれに甘えてしまって失敗するケースもある。事前の勉強が不足して知識が十分でないために、相手の優れた専門性や特徴を見る目がなくて、ヒアリングによる情報収集の貴重な機会を見逃してしまう。また、事前の情報不足の中で手当たり次第の相手とインタビューをすると、研究活動全体の展開から見れば余計な労力となり、骨折り損の草臥れもうけに終わる危険性もある。最終報告書の執筆にどのようにインタビューの成果が生かされるのか十分慎重に考えながら、対応する相手を選んでいくべきである。

2　オープンな心で誰にでもよく聞く

① *文武の道有らざること莫し。夫子 焉くにか学ばざらん。而して亦た何の常の師か之れ有らん。*（子張19-22、井波576）
「いたるところに文王・武王の道は存在しているのです。だから先生はどこでもだれにでも学ばれなかったことはなく、またきまった先生など、もたれなかった」
② *敏にして学を好み、下問を恥じず。*（公冶長5-15、井波123）
「鋭敏でありながら学問を好み、目下の者の意見を聞くことを恥ずかしいと思わなかった」

〈解説〉
①孔子は強い知的好奇心を持って、どんな人についてでも、どんな場所にいても興味のあることを学ぶようにした。②は、孔文子について孔子

が擁護した言葉であるが、その学ぶ姿勢は柔軟で、聞く耳を持って目下のものとも自由にフラットな会話を楽しんだ。

　DA ラーニングにおいては、課題によっては、特にその道の専門家でもないごく普通の生活をされている人々に詳しく伺うことがある。特に途上国の開発問題に関する調査では、現地の人々の暮らしについて実態を十分理解しておくことが不可欠であり、非常に貧しい人々の中に入って必要な情報を収集する必要があり、このような場合に決して相手の貧しい状況を見て実地の調査活動を躊躇するようなことのないようにしなければならない。相手の肩書きなどにあまり拘らず、情報収集に必要と思う相手ならば、素直に誰にでも面会して聞くべきである。

3　自分の目で調べる

① 子曰く、衆の之れを悪む。必ず察す。衆の之れを好む、必ず察す。
（衛霊公15−28、井波475）
「先生は言われた。大勢の人が嫌う場合は、必ず調べて明らかにし、大勢の人が好む場合も、必ず調べて明らかにする」

〈解説〉
①世間で話題になっている社会的問題は、他人の伝聞に頼らず、自ら現場に出向いて自分で調査する。

　DA ラーニングでは、自らが現場に出て、自分の目や耳で現状をよく調べ、現物に触れるなど、実社会の中の実践的な活動が常に求められる。大学内だけの机上の空論を極力排して、現場で自分の五感を総動員して確かめた上で、その情報をうまく取り込みながら新しい問題解決策を考え追求していく。その中で現場の観察力が磨かれ、現場勘が育ってくる。

4　五感の動員によって現場をよく観察する

① 子曰く、多くを聞きて疑わしきを闕（か）き、慎んで其の余りを言えば、則（すなわ）ち尤（とが）め寡（すく）なし。多くを見て殆（あや）うきを闕き、慎んで其の余りを行えば、則ち悔い寡なし。言に尤（すく）め寡なく、行いに悔い寡なければ、禄（ろく）其の中に在り。（為政2-18、井波40）

「先生は言われた。できるだけ多くを聞いて、疑わしいものははぶき、残ったことを慎重に口にしたなら、あやまちが少なくなる。できるだけ多くを見て、あやふやなものをはぶき、残ったところを慎重に行動すれば、後悔が少なくなる。言葉にあやまちが少なく、行動に後悔が少なければ、官職や俸給は自然に其の中から出てくる。」

② 孔子曰く、君子に九思（きゅうし）あり。視ることは明（めい）を思い、聴くことは聴（そう）を思い、色は温（おん）を思い、貌（かたち）は恭（きょう）を思い、言は忠（ちゅう）を思い、事は敬（けい）を思い、疑わしきは問うを思い、忿（いか）りには難（う）を思い、得るを見ては義を思う。（李氏16-10、井波500）

「孔子は言われた。君子には思慮すべき九か条がある。見るときは明確に見とどけ、聞くときには誤りなく聞きわけ、顔つきは温和、態度はつつましく、発言は誠意をこめ、仕事は注意深く、疑問点はすぐ質問し、腹がたっても後難を考え、獲得できると思ったときは道義を考えることだ」（山本283）

〈解説〉
①五感の感性を動員してできるだけ多くのものをよく聞き、多くのものをよく見て、よく判断し、その中から疑わしいものは省いて確かなものを選んで、慎重に行動する。その時失敗が少なくなり、悔いもなくなる。日常的にこのような言動に心がけておれば、将来社会で良い仕事にも就けることができる。②は、有名な「九思」である。見ること、聞くこと、顔つき、振る舞い、言葉遣い、仕事ぶりの六つで、常にうまくできるように考えておき、残りの三つ、疑わしいことがあったときはすぐ問いただし、腹が立った時には後難のことを考え、利益を前にした時にはそれが正しいものか考えてみる。これが日常的に良い行動のために考えておくべき9原則である。実践的学習活動でも、社会の人々とのインタビューではこのような「九思」の戒めを大切にすべきである。

　DA ラーニングでは、社会に出て現場の生々しい情報に直接アクセス

することが重要な学習活動になるが、たとえば海外調査活動などでは、直接課題に関連する情報だけに限定せずに、異文化の様々な状況に目を向ける方が望ましい。海外調査活動の過程でも、初めの研究計画書に従って具体的な調査内容を絞り込んでいるが、様々な問題の背景にある異文化や多様な考えを知らなければ、先方の話の内容を深く理解し意味付けることが難しいことがしばしばある。

　現地社会の中に入って、多くの現地の人々と直接接して初めて物事の本当の意味が理解できるのである。初めから見聞する対象を狭く限定せずに、観る、聴く、嗅ぐ、触る、食う、の五感を総動員していろいろな事象を素直に観察し、すぐに質問してその内容の理解を深め、その観察が正しいものかどうかしっかり考え確かめる。そうして得た新しい情報知識を脳内に十分取り入れて論理的に分析することで、現地の今の状況に応じて十分意味のある、しかも実現可能性の高い問題解決策が創造されるのである。よくよく現地を調査せずに伝聞だけで自分勝手に現地の状況についてその姿を描くのは厳に慎むべきことである。現地社会の実態をよく知り、それに相応しい問題解決策を実践的に考える DA ラーニングは、非常に意味のある学習方法である。

聞きかじりの情報には気をつける

　DA ラーニングでは、学生自身が外部に出かけて直接当事者や関係者にいろいろな話を伺う作業を行っている。その時、インタビューやヒアリングの経験がほとんどないために相手のペースに嵌ってしまって、相手の言い分をすべてすぐに鵜呑みにして正しいものと信じてしまう傾向が強い。現場にいる人々の話には、確かに説得力が十分あるものだ。ただ、その話もあくまで集めている情報の一つであり、現地でいろいろな人々にお会いして様々な情報を伺い、最終的に自分たちでそれらの情報をよく整理し体系的に考え検討して、納得のいくものであれば正式の報告書に情報の内容を紹介する。

　情報の内容に関して信頼性の質の違いがあることを十分認識して、多様な情報を集めるべきである。もう少し専門的な作業になると、その話の信頼性を担保するような新たな情報作業も必要になる。ただちょっと小耳に挟んだような情報だけでは、調査活動にとってヒントになっても、必ずしも全面的に信頼できるものではない。ちょっとした話を聴いて、それを鵜呑みにして、すぐに報告するのは問題である。

5　チームで常に礼節ある言動を取るように気をつける

① 子曰く、恭（きょう）にして礼なければ則ち労（ろう）す。慎んで礼なければ則ち葸（し）す。勇にして礼なければ則ち乱（みだ）る。直にして礼なければ則ち絞（こう）。（泰伯8-2、井波215）

「人に対してうやうやしくても、礼によらなければ骨が折れる。慎重にしても礼によらなければ、いたずらにびくびくしていじける。事をなすにあたり勇気があるのはよいが、礼によらなければ乱暴になる。正直は善徳であるが、礼によらずあくまで正直にやり通すときは、他人の小過失も許せず窮屈になってしまう」
（渋沢219）

〈解説〉
①他人と交流する場合には、どんなに慎み深く、正直に、慎重にやっても、また勇気を持ってやっても、正直にやっても、それが礼儀作法によく則ったものでなければ、うまくいかないものだ。

　DA ラーニングで学外の調査活動に出る場合には、もっとも基本的なルールは、先方の方に失礼にならないように、社会的なマナーに十分則った適切な言動を取ることである。社会調査に当たって、教師が常に心配しているのは、学生たちが先方の方に失礼なことをしていないかという危惧である。先方がどんなに温かく丁重に迎え入れてくれても、当の学生たちが十分マナーを心得た言動を取っていなければ、その社会調査活動は大変な失敗と考えている。親切に対応してくださった相手に大変不快な思いをさせてしまった事実だけでも、ゼミとしては大きなミスになるが、それだけでなく、長いゼミ活動のことを考えれば将来に向けて大きな悔いを残すものになりかねない。将来の後輩たちにとっても役立つような良縁をここで勝手に断ち切り、失うことになるからである。あのゼミは、礼儀知らずの学生たちという評判が立つことで、もはや外部調査の余地が非常に限られてくる。

　したがって、出発前のマナー研修に最大の注意を払うとともに、万一学生チームの不行儀で社会調査活動が失敗することがあると、この良縁を失わないように精一杯のまごころを込めてすぐに陳謝して、相手の不快な気持ちを和らげ、今後も継続してご支援ご指導をしていただけるように懸命な努力をしなければならない。

4章

知識情報の分析と創造
～他者から学び、自ら創造するリーダーへ

1節　知識情報の収集と思考との両立
～外から学び、深く考えること

① *学んで思わざれば則ち罔し。思うて学ばざれば則ち殆うし。（為政2-15、井波37）*
「書物や先生から学ぶだけで自分で考えないと、混乱するばかりだ。考えるだけで学ばないと、不安定だ」
② *子曰く、吾れ嘗て終日食らわず、終夜寝ねず、以て思う。益無し。学に如かざる也。（衛霊公15-31、井波476）*
「先生は言われた。私はかって一日中、ものも食べず、一晩中、一睡もせずに、思索しつづけたことがある。しかし、まったく効果はなく、やはり学ぶことにおよばなかった」

〈解説〉
①学習のやり方は、外からいくら学んで詰め込んでも知識が増えるだけで、自分で考えなければ（ものごとは）混乱し本当のことがわからなくなる。また、自分で考えても、外から学ばなければ、客観性を失って独断におちいってしまう危険性がある。外から新しい知識を学ぶことと、自分の頭で考えることの両立とそのバランスが必要になる。②孔子自身も、一日中自分の頭で考えることに集中したが、同時に外から学ぶことがないとその成果が上がらなかった。

　DA ラーニングでは、脳内に記憶されている既存の知識群と外部から新たに取り入れた知識や情報とを融合させながら思考を深めていくこと

が、もっとも基本的な学習方法である。外部からの新たな知識情報を取り入れる作業を無視して、自分の脳内にある既存の知識や考え・思いだけで分析作業を進めていくと、我流の思考になり独善的な結論に陥ってしまう。特に社会問題の学習では、常時外部社会で生起している現実の動きに敏感に反応して適切な知識情報を新たに取り入れ、思考過程をさらに一段と深める、という実践的なやり方が不可欠になる。動いている現実社会を知らずに実践的な学習を展開することは不可能である。

　他方で、もっぱら外部情報だけに頼って問題解決策を模索するというやり方にも深刻な問題が残される。思考分析のもとになる既存の知識基盤が十分整備されていないと、外部からの情報をそれらに融合させようとしても、既存の知識基盤が弱いために独善的で我流の思考に陥ってしまい、間違った推論と結論になってしまう。既存の知識基盤に蓄積されている知識群がごく限られていると、外部から新たにどんな良い知識情報群を仕入れても、それら情報や知識の意味や有効性を十分判断することは難しく、その知識の中から有効なものを選んで既存知識と融合させ、組み換え再編成させて、新たに知識を創造しようとしても、効率的に展開することができなくなる。その意味で、情報収集作業の前提として、基礎的な既存知識基盤の強化拡充が不可欠の作業になる。

　創造的な活動には、単に最新の新たな情報を仕入れるだけでは不十分であり、徹底的に過去の知識群をよく調べて記憶装置に豊富に蓄積しておかなければならない。学生はしばしば、サムシングニューの創造を求められた時に、過去の知識の勉強を疎かにして外部からの情報を頼りに新しいことを思いつき考えようとするが、それまでの勉強不足が露呈して、その独善的な考えのどこが、何が、新しいことなのかさえわからなくなる時がある。急がば回れ！

2節　専門用語と専門知識の基盤整備

1　専門用語の習得

① 言(げん)を知らざれば、以て人を知ること無きなり。(堯白 20 − 5、井波 590)
「言語を知らなければ、人を認識できない」
② 子の曰く、辞(じ)は達(たっ)するのみ。(衛励公 15 − 41、井波 484)
「先生は言われた。言葉は意味が通じれば、それでよい」

〈解説〉
①多くの人々が生活している社会の中で、個々人を識別してよく知るには、言語によるコミュニケーションが必要になる。その意味で言語コミュニケーションの力は非常に重要な「人材基礎力」になる。②言語は他人とのコミュニケーションをはかるための重要な武器であり、相手によく通じるようなものでなければならない。

　高度な専門的知識は、多様な専門用語からなっている。当該分野の基礎的な専門用語群について、全員で共通した理解と記憶を深めることは、それ以後の学習活動にとって不可欠の極めて重要な学習活動になる。多くの専門用語群をよく整理してチームメンバー全員の脳内記憶装置に記憶しておくと、チーム内の議論は、この専門用語を使って自分の考えている内容をより正確に相手に伝えながら深めていくことができる。チームの共通知識基盤に専門用語の語彙がより豊富に蓄積されているほど、チーム内の議論で専門的な用語を使ったより高度な深い討論が行われる。
　学習活動の終わりには、チーム論文などにその研究成果をまとめることが必要になる。当該分野の専門用語に関して豊富な語彙を理解し、自由自在に使えるようにしていないと、研究成果について外部の人々に正しく成果を伝達することが難しくなる。論文の執筆では、適切な専門用語での表現があってはじめて的確にその内容を伝えることになるからである。

81

2 基本的な専門知識の基盤整備

　チームとして基礎知識を習得するには、様々な工夫が必要になる。前述のように学習活動のはじめに基礎的な教科書が数冊指定されると、チーム全員でそれらの教科書の輪読を進めていく。本の内容に関して担当者が発表し、チーム内で疑問点など議論しながら全員で適切な理解を進める。そして、共通に理解した知識情報をそれぞれ自分の脳内の記憶装置に入れていく。輪読が進むにしたがってチーム全員の脳内に共通した知識の基盤が豊かになっていく。

　ここで重要なことは、新たに学んだ知識を暗記するために次々に全て脳内の記憶装置に入れるというのではなく、その知識の内容を選別しながら今後の学習活動にとって不可欠なものを優先的に記憶していくことである。取り入れた知識はどれも時間とともに脳内から消失されていくからである。まずチーム課題の学習にとって重要と思われる基本的な用語や歴史的事実について正確に記憶していると、それをキーにして関連する専門用語や歴史的事実などを、必要に応じてネットで検索しながら自由に引き出せるようになる。

　チーム内の議論の中で積極的に取り上げられた用語や事実は、一般により正確に長く記憶装置の中に残されている。人は、自分の目だけを通して吸収した知識よりも、一度他人に向けて自ら発言し伝達した後の知識をより明確に記憶している。自分の声で他人に知識を伝えると、その知識がより重要なものとして脳はより強く認識し、より鮮明に記憶するようになる。自らの言葉で他人に教えるという行動は、脳内神経細胞ネットワークの拡充を強く刺激して記憶作業をより強化することに繋がってくる。

　田中ゼミでは、チーム毎にそれぞれ独自の教科書を作成し、それをゼミの他のチームメンバーの前で発表して質問に答えるというやり方を導入していた。自ら独自の教科書を作成し、事前にチーム内で議論することで専門知識に対するチームの共通知識基盤が強化される。また、その成果を文章にしてゼミの時間で発表することで専門知識の記憶をより確実にし、さらに、他人からの質問に答えることで自分の理解の足りないところや、不正確なところがより明らかにされる。こうしてゼミ内の討論を通じて専門的な学習が深まっていく。

3節　知識情報の分析　～社会工学的モデル分析

1　チーム内の議論

（1）自由闊達な発言

① 如し善からずして之れに違うこと莫きは、一言にして邦を喪ぼすに幾からずや。（子路13－15、井波384）
「もしよくないことであるのに、これに反対する者がいなければ、一言で国を滅ぼすものに近いのではありませんか」

② 子貢　友を問う。子曰く、忠もて告げて善もて之れを導びく。不可なれば則ち止む。自ら辱めらるること無かれ。（顔淵12－23、井波365）
「子貢が友情についてたずねた。先生は言われた。誠心誠意、まごころを尽くして説き、善なる方向に導く。それで聞き入れられなければ止め、嫌な目にあわないようにすることだね」

③ 子曰く、邦に道有れば、言を危くし行いを危くす。邦に道無ければ、行いを危くし言は孫る。（憲問14－4、井波404）
「先生は言われた。国家がまっとうな状態にあるときには、高い見地に立ってきっぱり発言し、高い見地に立ってきっぱり行動する。国家がまっとうな状態にないときには、高い見地に立ってきっぱりと行動し、発言はひかえめにする」

〈解説〉
①よくないことにはだれでも自由に反対の意見を言えるような雰囲気が重要であり、それができないと国が滅んでしまうような危険性がある。②仲間同士の議論には、誠実に取り組み、いい方に導こうとするが、もし相手が聞く耳をもたないならば、嫌な思いするだけだから黙っているしかない。③国家が倫理的に正常でないときには行動はより高い見地からきっぱりと率直であるべきだが、発言は用心して少し控えめにしておくように」

　DA ラーニングのブレーンストーミングの段階では、それぞれ自分で

収集してきた情報や知識をベースにして、自分の関心ややりたいこと、さらに具体的な調査対象（調査対象の事件、産業や国など）などを紹介しながら自分の知識・考え、さらに独自のアイデア（問題解決策など）等、自由に思うところを話していく。ただ世間では、個人の発言に厳しい制約があり、発言して嫌な思いをする危険性がある場合には、発言を控えめにしたほうが良い。

DA ラーニングでは、チームの全員参加で自由自在にワイワイがやがやの議論をすることで、各人が持っていた潜在的な考えや発想が活発に表に引き出されてくる。ここは、個人個人が自分の考えやアイデアを存分に話して仲間に聞いてもらい、考えてもらえる場である。自分でもまだよく分からないような思いつきや非常に突拍子もない考え・意見も歓迎されており、メンバーは他人の発表を無意味なものとして笑ったり、けなしたりしないことが、活発な議論のためのマナーになる。なかなか意見が出ない時には、リーダーが、仮のものでもよい、たたき台になるような議論を提供して、仲間の議論を引き出すことも必要な場合がある。

各人が収集した重要な知識や情報を仲間同士でワイワイがやがや言いながら自由に交換していくと、チーム全員の情報知識の共有化が進み、学習チームとしての共通知識基盤がそれだけ豊かになっていく。その中でチーム仲間としてお互いに親しみの情動が働くようになり、この仲間たちと一緒に研究を続けたいという学習意欲がますます強くなってくる。

（２）論理の整理とチームの統一した考え

① これを知るをこれを知ると為し、知らざるを知らざると為す。是れ知るなり。（為政 2−17、井波 39）
「知ったことは知ったこととし、知らないことは知らないこととする。それが知るということだ」（金谷 43）

② 子曰く、君子の天下に於けるや、適も無く、莫も無し。義にのみ之れ与に比しむ。（里仁 4−10、井波 91）
「君子は天下の物事を処理するにあたって、頑として（さからい）固執するのではなく、断固として頑張（愛着す）るのでもない。正義に（親しみ）即応するようにしていくだけだ」（山本 218）

〈解説〉
①ものごとを知るということは、知っていることと知らないこととの区別がつくこと。②頑なに自分の考えに固執することの愚を戒め、常に正しいことを尊重する姿勢が大事である。

　議論の中で様々な考えや意見が出てくると、それぞれ既存の共通知識基盤をベースにして十分吟味検討し、それがすでに文献の中で既知の考えや意見であるのか、新しい未知のものであるのか、それぞれ判断してきっちり区別していく。もし興味のある未知の考えやユニークな意見であれば、皆で十分討議した後にチーム学習の課題の一つとしてこれからも継続して検討対象に掲げる。
　ここで大切な議論の仕方は、他人の考えや意見を素直に聞きながら、そこからさらにどのような進展が期待されるかに焦点を絞り、それに上乗せして自分も一緒に考えて議論することである。他人から仕入れた情報をもとにしてどれだけ上乗せしたポジティブな議論を展開できるかが問題であり、この思考の上乗せの過程で思いがけない新たな気づきや発想が生まれることがある。次の収斂の議論の中では、こうした新たな気づきによる考えや発想を積極的に生かしていくことができる。
　議論の最終的な収斂の段階に入ると、チーム内部でまだ意見や考えの異質性や多様性を残しながらも、チームとして学習活動の一つの方向性を求めて絞り込んでいかなければならない。それぞれが自分の考えや意見にいつまでも頑固に固執して主張し続けるのではなく、チーム全体としてもっとも望ましい方向性を求めて、仲間の意見も積極的に取り入れて融合させていく。様々な意見や考えを順次ホワイトボードに書き出し、その中で類似の内容のものはまとめていく。いろいろ出された意見の中で当座直接関係のないものを横におき、メンバー間で思考の上乗せ議論が活発に行われた重要な課題に議論を集中させていく。

2　社会現象のマッピング作業と作業仮説の設定

（1）　先行研究の事例

① *子曰く、我れは生まれながらにして之れを知る者に非ず。<ruby>古<rt>いにしえ</rt></ruby> を好み<ruby>敏<rt>びん</rt></ruby>にして以て之れを求むる者也。（述而7−19、井波193）*
「先生は言われた。私は生れながらにして知識を持っているわけではない。古代の事柄を好み、そのなかから敏感に知識や法則を追求しようとする者だ」

　学習過程では、課題に関する様々な先行研究の事例を学び、その知識や情報を共通知識基盤に蓄積していく。特に同じ課題に関して今までどのような研究がなされているのか、その情報は極めて重要になる。そこに参考になるものがあればうまく真似て積極的に取り入れる（いわゆる「形に入る」）。過去の研究のやり方と成果を見ながらそれをベースにして最近の社会の動きに関する新しい情報を収集して取り入れ、さらに発展的に論理的な思考を深めていくと、この先行研究の成果を少しずつ自分なりに改善したり応用したりして、サムシングニューの新たな創造をして、先行研究を乗り越えた（いわゆる「形より出る」）新しい研究成果をあげることができる。
　未熟な学生にとっては、先行研究の作業フレームワークをそのまま使って分析の基本的な方法をチーム課題の分析に適用してみることは、非常に効率的効果的な学習法になる。ただ、先行研究とチームのテーマが完全に一致している訳ではないので、基本的な分析のやり方を真似ながらも、論理的な推論の作業をより深めて、そのやり方の修正・応用や組み替え、新たな展開など、さらなる創意工夫が必要になる。その作業過程で自分たち独自のものが生まれる可能性が大きくなる。

（2）独自の作業フレームワークの作成
　　～社会現象の諸要因のコンセプト・マッピング

　現実の社会現象には、様々な問題が複雑に絡み合って生じており、混沌（カオス）の様相を示している。DA ラーニングでは、現実社会の中で生起する様々な問題や課題に着目して、その解決策を求めて学習活動を展開していく。様々な社会現象を広く観察して、その中の（チーム課

題にとって）重要と思われる諸現象について概念化して抽出し、当該問題の現象の背後にある諸要因（原因）とそれによって引き起こされる結果に関する因果関係のモデルを作成し、論理的な推論を通じて問題解決策を考えるという手法を取っている。

　論語では、様々な社会問題がうまく解決された理想社会の実現には、「仁」を習得した優れた人材・君子の登場に期待している。人々が道徳的に「仁」に馴染むようになれば、理想的な社会が到来すると考えており、様々な社会問題の解決には、仁の習得という人間教育が中心課題になる。ちなみに、ほぼ同時期のブッダの世界では、社会現象における「因果の法則」を重視しており、ここでの「社会工学モデル」のように、社会問題の根本的な解決に向けて、社会現象における原因と結果との間の因縁のあり方について考えている。

　DA ラーニングのチーム学習の過程では、混沌とした社会現象の中で働いている重要な諸要因とその因果のメカニズムに関して、一定の抽象化の作業を進めていく。設定された課題に関して、その社会的現象の動きに密接に関係すると思われる社会的諸要因を順次取り上げて、次々にマップに諸要因の名前（概念）を書きあげていく（コンセプト・マッピング）。その作業が終わると、次にチーム課題との関係が比較的薄い社会現象や諸要因を図から削除し、皆が共通して重視する重要な現象とそれに影響する諸要因を中心にして、最終的なマッピングの再整理を進める。こうして社会現象の働きに関する抽象化された作業フレームワークが構築される。

（3）作業仮説の設定

　このマップを見ながらメンバー全員で、取り上げる社会現象とそれの動きに密接に影響する諸要因との論理的な因果関係を想定し、より強い力で深刻な社会問題の原因になっている諸要因を特定していく。そして、それらの諸要因の働きや社会問題に与える影響などに関する因果メカニズムを想定して、問題解決のための作業仮説として整理する。

　実際の学習作業の中では、考えられる諸要因とそれら社会現象に与える影響のあり方について、事前に想定することはかなり難しい作業になる。チーム内の議論を深めながらいくつかの作業仮説を具体的に提示すると、その後の作業で、現実にこのように想定された作業仮説が妥当なものであるか、実際の資料や現状分析などを通じて確認・検証を行って

いく。こうした実証作業を通じて、最終的に社会問題の解決（社会現象の望ましい姿）に向けて、想定された諸要因をどのように改善していくべきか、総合的な問題解決策が検討される。これが社会問題の解決のために使われる社会工学的な手法である。

4節　サムシングニューの問題解決策　～イノベーション

1　仮説検定作業とサムシングニューの問題解決策

　チームは、作業フレームワークにしたがって、作業仮説が実際に妥当性のあるものであるのか、社会の現場に出て様々な関連情報を集めながら慎重に検討していく。仮説検証の実証作業の結果をもとにして、最後に社会問題の解決策に関して具体的な提案がなされる。

　チームとしての問題解決策がまとめられると、問題はその解決策がすでに他の研究者などで提案されている考えであるのか、先行研究ではまったく触れられていない斬新なものであるのか、あるいは、先行研究と同じような議論がなされていてもそこにサムシングニューの内容が含まれているのか、慎重に検討していかなければならない。自分たちの新しい提案として発表しても、それがすでに他の研究者などによって明らかにされているものであれば、研究成果としての評価はそれだけ低いものになる。せっかくチームで取り組んだ課題でもあるので、今まで言われていない新しい内容の提案になることが望ましい。

2　独創的な発想を生み出す知識情報群

（1）徹底的な文献調査

① 子曰く、蓋し知らずして之れを作る者有らん。我れは是れ無き也。多く聞き其の善き者を択びて之れに従い、多く見て之れを識すは、知るの次也。（述而 7-27、井波 201）

88

「先生は言われた。世の中に十分な知識がないのに、創作をする者がいるようだ。私は、そんなことはしない。多くのことを聞いて、そのなかからすぐれたものを選んで従い、多くのものを見てそのなかから（選んで）記憶する。これは完全な知とはいえないが、それに次ぐやりかただ」

② 子日く、述べて作らず、信じて 古 を好む。（述而7-1、井波174）

「先生は言われた。祖述して創作はしない。古の文化のすばらしさを確信して心から愛する」

③ 子日く、古きを温ねて新しきを知る、以て師と為る可し。（為政2-11、井波33）

「先生は言われた。過去を歴史的現在として学び、現実の問題を認識してこそ人の教師になることができる」

④ 子日く、異端を攻むるは、斯れ害あるのみ。（為政2-16、井波38）

「先生は言われた。さまざまな異論、異説を調べても（根本から遠ざかるばかりで）害になるだけだ」

〈解説〉
①②では、孔子は、過去の知識を徹底的に自分の目で見て、耳で聞いてよく調べてその中でいいものを選び出すだけであり、自分で創作しないと言っている。しかし、既存の知識群を徹底的によく調べ学ぶことではじめてそこから独創的なものが生まれる可能性が開かれるのであり、既存の知識基盤の整備こそまず行うべきである。③「温故知新」、古いことを調べるとその中に今に役立つものがある。④異論や異説には惑わされないようにする。

　すでに見たようにチームメンバーの脳内では、記憶装置に蓄積されている知識情報群（過去の知識情報と新たに収集した知識情報）から意味のあるものを取り出して、知識群の新たな融合を行い、知識群の組み替えや再編成をしながら思考作業を深めていくが、その過程で新たな問題解決策を創造しようと懸命な努力が続けられる。独創的なものを生み出すには、記憶装置に溜められている記憶の質と量が決定的に重要な役割を果たすようになる。関連する分野の先行研究などに関して豊富な専門的知識を持っている人は、それだけ知識の融合・再編成の作業を活発に行うことができるが、そこに知識融合への触媒作用（インスピレーション）が働いて独創的な知識が生まれる可能性が大きくなる。
　孔子は、過去の文献や事実に当たって古い知識群を徹底的によく調べ

て脳内で記憶し、それらを現在の観点から再編成して生かすことを勧めているが、そこからはじめて新たな創造の活動が始まるからである。過去の豊かな知識を理解し記憶する蓄積作業を無視していると、それだけ新しいものが創造される余地が狭くなる。天才的作曲家モーツァルトでさえ、幼少期に父親から優れた古い音楽を聞く機会をたくさん与えられて多くの優れた曲を脳内に蓄積していき、その豊かな知識をベースにして天才的な音楽を創造していったと言われている。

　孔子自身は、自分は学ばなくても生まれながらに知ることができるような天才ではない、と謙遜している（李氏 16-9、井波 499）が、どんな天才でも過去の知識の豊富な蓄積の上にその才能が花開いているのである。エジソンが言うように、その豊富な知識の融合や再編成の作業に流す汗９９％とインスピレーションの汗１％の働きを通じて、革新的独創的なものが生まれてくる。

（２）生の現場情報の積み重ね

　既存の豊富な知識情報群の活用に並んで、新たな情報の入手活用も独創的な成果を生み出すためには不可欠な作業になる。現地調査を通じて実際に自分の目で見聞して生の情報を直に得る。現地社会の状況を自ら直接体験することで現場感覚が磨かれ、独創的な問題解決策の模索作業においてより現実的で意味のある議論ができるようになり、有効な問題解決策を得る可能性が大きい。

　現地の専門家から直接聞き出した数々の新しい情報やアイデアは、学生にとって生きた研究の導きになり、チームの研究成果の独創性を生み出す重要な源泉になる。それらは、しばしばどの本にも書かれていないような最新の斬新的なものであり、長年の現地の体験を通じて考え抜かれた独創的ユニークなものである。チームは、教えていただいたアイデアや発想をもとにチーム内で論理的な議論を深め、より独創的なモデルや政策提言に到達することができる。

（３）ブレークスルー（突破）への飽くことなき努力　〜切磋琢磨

①詩に、切するが如く磋するが如く、琢するが如く磨するが如しと云うは、其れ斯を之れ謂うか。（学而 1-15、井波 17）

「骨や角を細工する職人がすでに切って形を整えた品に、さらに鑢をかけてこれを磋ぎ、玉や石を細工する職人がすでに琢って形を仕上げた品に、さらに砂石にてこれを磨くという詩があるが、すなわちこれがこのことを言ったものか」（渋沢34）

② 子日く、之れを如何、之れを如何と日わざる者は、吾れは之れを如何ともする末きのみ。（衛霊公15－16、井波465）

「どうしたらいいか、どうしたらいいかと自ら解決を求めない者は、私もどうしたらよいかわからない」（山本132）

③ 日く、倦むこと無かれ。（子路13－1、井波368）

「（先生は）言われた。飽くことのないようにしなさい」

〈解説〉
①記憶装置から取り出した豊かな知識群を組み替えたり、再編成したり、さらに新たな知識融合をさせたりしながら、さらにその学習成果を深く掘り下げて考えて切磋琢磨の作業を繰り返していく。こうして徹底的に思考の作業を深めていき、そこから最終的に独創的なもの（解決策）を生み出そうとする。②苦しい切磋琢磨のプロセスにおいて突破（ブレークスルー）することができず、どうしたら良いのか分からずに途方にくれた学生は、しばしば教師にアドバイスを求めに来る。そうした者には喜んでアドバイスを与えるが、自分の力で考え切磋琢磨しようとしない者が来ても、教師はお手上げだ。③では、何をやっても飽くことなく継続することの大切さを強調している。探求の議論を倦むことなく繰り返している間に、脳内では神経細胞ネットワークが拡充強化されて、問題の思考力が一段と強化されてくるからである。

　DA ラーニングで、創造的な活動は一番苦しい学習過程になる。どんなに既知の知識群や新しい知識を学んで深く考えても、知識の再編成や融合の過程で必ずしも独創的な新しいものが生まれてくるわけではない。どんなに切磋琢磨して分析作業を深め、そこからサムシングニューの独創性を生み出そうと考え抜いても、チームの創造作業は大きな壁を突破できず行き詰まってしまう。既知の知識から出てサムシングニューの独自の新知識を生み出すというイノベーションは、実に難しい作業過程である。学生チームはこの創造性を生む一番の難所に来て、懸命に思考の汗をかき悩み抜きながらも、なかなかそこから突破（ブレークスルー）することができない。前述のように天才エジソンでさえ９９％の汗

と１％のインスピレーションで新しい発明に成功した。

　今までの学習過程では、お互いに作業を助け合いながら一緒に頑張ってきたが、このイノベーションの段階では、仲間を助けることそのものが困難な作業であり、それぞれが新しい着眼点を求めて思考を深めるしかない。そして、誰かの素晴らしいアイデア・思いつきがあってはじめてその思いつきを巡って仲間同士の新たな議論が展開される。新しいアイデアを思いつく最終段階で一緒に熱心に活動できる仲間の存在は、非常に貴重なものになる。

　新しいと思ったアイデアも、みんなで議論を深めると必ずしも現実的な意味のあるものではなかったり、すでに言われている既知のアイデアであったり、なかなか新しい問題解決法が見つからないのが、DA ラーニングをする若者の共通の実感である。新しいアイデアと思ったものがそうでない場合、チームはしばしばそこに立ち止まって前方に進まず、ぐるぐる周りの議論に落ち込んでいる。しかし、目標設定の初心に帰って一度徹底的に問題を考え直して新しいアイデアを求めていかなければならない。それは研究者にとっても同じことであり、簡単に見つかるようなものならばすでに誰かが発表していると思って調べたほうがいい。孔子も、このような壁に直面してどうしようか、どうしようか、と悩み苦しんでいる学生には、自ら進んで教え導こうとする気持ちになると話している。

　チーム内で苦しみながらもぐるぐる周りの切磋琢磨の議論を倦むことなく深めている過程では、メンバーの脳内ではこの課題解決を考える神経細胞ネットワークがそれだけ強化拡充されてくる。今まで十分考えることができなかったことも、拡充された神経細胞ネットワークの働きで物事の思考力が強化されてくると、新たに問題を体系的に深く考えて突破（ブレークスルー）するための糸口が見つかる可能性が高くなる。その時、この思考過程で知識融合における触媒作用（インスピレーション）が突然に働き始めており、今まで気づかなかったような新しい考え・思いつきやアイデアが生まれてくる。

3　様々なインスピレーションの働き

　探索型チーム学習では、脳内で既存の知識群と外から収集した新しい知識群との再編成や融合の思考作業を繰り返し行っているが、その思考

分析の作業の中からジャンプしてまったく独創的なイノベーションを生み出すためには、知識の再編成・融合過程における何かの触媒作用の働き（インスピレーション）が必要になる。連続的に何度も繰り返される論理的な推論作業には自ずと限界があり、どこかで非連続的に発想のジャンプをして、まったく別次元の世界に飛び込まなければならない。その非連続的なジャンプを誘導するのが、インスピレーションの働きであり、しばしばこのジャンプの瞬間を「天から何かが降りてくる」と呼ばれているが、「連続の中の非連続」と言われる世界である。天才アインシュタインは、論理ではＡからＢへ進むだけであるが、インスピレーションでは、ＡからＺまでのどこにでも進むことができると述べている。

　実際にＤＡラーニングの中でどのようにしてインスピレーションが働いて、新しい独創的なアイデアが生まれてきたのか、自らの過去の体験を通じて経験者から様々に伝えられている。もっとも重要なインスピレーションは、教師や外部の専門家などチームの外の関係者から得られるケースが多い。特に常時そばにいて学生チームの長期間にわたる思考過程をよく知っている教師からのアドバイスや一言が、しばしば学生にとって貴重なヒントになり、新たなジャンプを誘導させる力を生むことになる。その意味で、ＤＡラーニングの指導者は、絶えず学生たちとともに取り上げた課題への関心を深め、自らも考え新しく学んでいく姿勢が求められている。

　以下、インスピレーションを生み出すシーズになりそうなものを取り上げる。（以下の内容は、前書「アクティブ・ラーニング」を参照）。

未来の幸せな生活状況に関するイマジネーションの力
　科学的な発明によって最先端の基礎技術がたくさん存在していても、イノベーションには、それを実際に社会生活に応用するような応用開発研究が不可欠である。最先端の科学技術の成果を社会生活に積極的に導入応用して社会生活のあり方を大きく変え、人々を幸せにすることがイノベーションの活動である。

　このようなイノベーションを社会の中に広く拡げていくためには、新しい幸せな社会生活を直感的にイメージする豊かなイマジネーション能力が必要になる。未来の人々の生活状況をビビッドにイメージすることができれば、それだけ未来社会の具体的なニーズが明らかになり、それに応えようとして、先端的科学技術の成果をもとに新製品や新技術の開発というイノベーションに取り組むインセンティブが強くなる。未来の

社会生活に関する豊かなイマジネーションの力を動員すると、そこに何らかの触媒作用が働いて社会生活を大きく変えるようなイノベーションの生まれる契機になることがある。社会的ニーズは発明の母である。

　ある製薬会社では、幹部の長期研修の一環として病院や老人・養護施設などの医療現場における研修を行ったが、今まさに病気に悩み苦しんでいる人々と相当の長期にわたって日々生活を共にする中で、本当にこの人たちを助けるためにどのような新薬の開発が必要になるか、自分の肌身で感じ取り考えることができるようになった。研修終了後には、その貴重な現場経験を多様な創薬の研究開発活動などに生かしていったと言われている。

現場の体験と観察の中で見つかるイノベーションのシーズ

　思考プロセスの方向性として大切なことは、チームで現場に立って観察して直感的に気づいたものや現場で話を伺って得た新しい情報などをよく整理した後、この新しい知識情報に焦点を当てながら、そこから新しいものを生み出す可能性に思い切って挑戦することである。

　今までの常識にはあまりとらわれずに、現場における自分の気づきをもとにして、自分なりに考え新しい提案をしてみる。"現場では、こんなことが観察されている。だから、ここはこうしてみたら、このように変えてみたら、新しい問題解決策が生まれてくるかもしれない"。仲間からバカと思われようが、現場で得たちょっとしたアイデアや思いつきを思い切って言葉にして言ってみる。みんなでそのアイデアや思いつきを徹底的に議論しよく考え抜き、それに上乗せする新しいものを追求していくことが、創造性を生むために重要な作業になる。

　企業では、工場の現場で日々の改善改良の努力を連続的に追求しているが、その中で現場観察力と現場での直感的な気づきをもとに問題解決のための斬新的なイノベーションを行う可能性が大きくなっている。地に足をつけた現場の活動の中にこそ貴重な気づきがあり、イノベーションのシーズがある。

人間として思考の器の大きさ

　革新的に新しいアイデアや提案を生み出すには、研究者の人間的な信念や価値観、社会観や人生観、さらに豊かな教養によるところが大きい。人間的に大きな発想やイマジネーションを描ける人は、それだけ日頃から社会問題についても独自の新しい意見、独自のものの見方や発想

に恵まれ、新しい提案やアイデアを生み出す能力に長けている。したがって、単に目の前にある問題の解決スキルを学ぶだけでなく、その背景にある豊かな教養や深い思想、さらにそれらを通じて人間としてのものの考え方（哲学）を日常的に幅広く学び、思考の器を大きくしておくことが重要になる。

過度の経路依存性や常識から脱する柔軟な思考法

　日本人の思考方法には、しばしば強い（歴史的）経路依存性が見られる。実際に辿ってきた過去の道の延長線上にこれからのことが生じる、という考えが経路依存性である。したがって、経路依存性が強くなると、今までの慣習ややり方、社会的な常識などに強く縛られてその範囲でしかこれからの物事を考え分析することができず、時系列的に非連続の思い切ったジャンプができなくなる。今までのことを徹底的に調べてよく理解し、その上で考えを深めていくことが学問の研究では不可欠のやり方であるが、時には、社会事象の因果関係などについて今まで正しいと言われてきた常識や慣習を疑って、思い切って初めから自分たちの頭で考え直して、論理的な推論を展開してみる。

　今まで当然のこととして受け入れていた社会常識を一度否定したところに新しい可能性が開かれることもある。そこからサムシングニューのイノベーションのシーズが育ってくる。日頃からなんでもそのまま受け入れるのではなく、自分で論理的合理的に深く考えて納得し、その上で自分なりの新たな発想やアイデアを探して新たな思考判断を行ってみるという創造的な思考法の訓練が不可欠である。

仲間内のトークの中から生まれるインスピレーション

　イノベーションには、どこかでインスピレーションによる非連続的なジャンプが求められる。ふとしたインスピレーションやひらめきが触媒として強く働くようになる可能性が大きい場として、人々とのトークがあげられる。これまでの自分の考えや思い付きなどを他人に話していると、自分の頭の中がよく整理されてきて、そこにひらめきが起こることがある。いったん脳内の知識を外に出してみると、自分の知識を第三者的な立場から客観的に見ることになる。それまで気づかなかったことが、自分で話をしていく過程で明らかになり、それが触媒になって創造的な活動に発展させていくことができる。

　探索型のチーム学習の導入が、学生のイノベーションの力を育成する

にもっとも適した学習方法と高く評価された理由の一つは、同じ関心と問題意識を持つ学生たちが集まり、チーム学習の中でそれぞれ自分の考えをいつでも自由に遠慮なく述べることができ、さらに、他人から忌憚のない批判や意見を聞きながら、自分の考えを深めて新たな考えを再び外に出すことができることである。そういう常時自由なトークの学習機会に恵まれていることが、学生の創造性を引き出す一つの重要な契機になっている。特に日常的にアイデアの豊かなチームリーダーが（さらにメンバーも）いると、次々に新しいアイデアがチームに投げかけられて、みんなで議論を深めることになり、イノベーションを成功させる可能性が高くなる。

他人からのコメントの中にある重要な気づきとインスピレーション

　同じゼミの中の別のチーム仲間や学習経験のある先輩、さらに先生から何かコメントを貰うと、ふと気づきを得てインスピレーションが湧き、新たなイノベーションへの方向性が見えてくることがある。教師が学生の学習成果に関してコメントを出す時も、チーム論文の中にある新しい創造性の芽をキャッチし、それを生かす方向で学生の論文内容を整理し評価することが重要になる。

　一般に学生は、今まで蓄積してきた知識情報の量が制約されているために、チームの新しいモデルやアイデアが本当に他にないような新しい独創的なものであるのか、あまり確信を持てず、不安な状況におかれている。その時、外部の研究者にチームの新しい考えを話し相談すると、専門的な視点から的確に判断をして、学生の研究内容に何か創造性を見つけて指摘し、評価して下さることがしばしばある。学生を勇気づけながら今後の学習の方向を指示してくれる。積極的に外部の関係者に自分たちの推論過程や未熟な考えを発表すると、外部からの一言が触媒になってインスピレーションが湧き、自分たちの思考活動に新たなジャンプが生まれてくる。

4　頭の休養時間

① 子曰く、速やかなるを欲する無かれ。小利を見る無かれ。速やかならんと欲すれば、則ち達せず。小利を見れば、則ち大事成らず。（子路13－17、井波386）
「先生は言われた。早く仕上げたいと性急に焦ってはいけない。小さな利益に目を奪われてはいけない。早く仕上げたいと思うと、ゆきとどかなくなる。局部的な小さな利益に目を奪われると、大きな事が成し遂げられない」

〈解説〉
①独創的なものを生み出すには、どうしても深い思考に没頭する時間が必要になる。脳内の神経細胞ネットワークが強化拡充されるまで待たなければならないからである。孔子は、頭を適当に休ませながら、焦ることなかれ！と諭している。長期的に大局的にものを考えることが大切である。

　インスピレーションが湧いてくるのは、概して脳内の知識情報がよく整理整頓されている場合である。睡眠中には人間の脳は、休むこともせずに、脳内に蓄積されている新しい知識情報をきちんと整理整頓する作業を続けている。朝になって知識の整理整頓作業が十分進んでいると、新たな作業の中でそれだけ効率的に順序良く様々な知識情報を脳内から引き出すことができる。この時、いろいろなインスピレーションが働き、よく整理された知識の再編成や組み替えの作業を通じて、知識創造の活動がより活発に進む可能性が大きくなる。頭のすっきりした朝に新しい思いつきが得られることがしばしばある。夜遅くまで頑張っても、それ以上の新しいアイデアがなかなか浮かんでこないのだ！
　集中して根を詰めた実践的作業が続くと、チームの思考能力が急速に低下する。思考に疲れて脳内の知識情報が十分に整理されないままの曖昧模糊とした状態になると、チーム内のメンバーの頭脳にインスピレーションもなかなか湧いてこない。長期にわたる創造的なチーム活動では、適時メンバーの頭脳に休憩の時間を取り入れることも重要な工夫になる。
　より大きな成果を得ようとすれば、必ずしも急いで新たな考えをまとめる必要もない。探索型学習でサムシングニューの創造的な成果を生むように強く求めると、ほとんどの場合、学生チームは危機状況に陥る。

しかし、十分時間をかけて迷いながら深く考えるチームの方が、結果的により興味深い斬新な成果を生み出す可能性が高い。ありふれた結論ならそれほど悩むこともないが、誰も考えつかないような創造性を追求すると、悩み迷う時間がそれだけ長くなり、どうこの危機的な状況に耐えて考え抜くかが勝負の分かれ目になる。大きな仕事を成し遂げようとすれば、苦し紛れになって目の前の小さな成果をあげることに気を奪われるような愚をさけるべきである。指導者も苦しむ学生のそばにいて、より大きな成果を上げられるようにじっと待ち続ける度量が求められる。

5章

ハートワーク
～調和と達成のための「心の知性」

　5章、6章および7章では、知識情報の活動を支えているハートワーク（仁）、フットワーク（礼）、ネットワーク・コミュニケーション（言）の力の鍛錬に焦点を当てていく。従来のような教室での一方向的な講義では、ヘッドワークの力がもっとも重要になっていたが、主体的能動的な学習のために仲間たちと学習チームを編成し、実社会に出て現場の人々と交流しながら、実践的な学習活動を展開するという DA ラーニングでは、他人と協力協働する力や、礼節ある行動力、言語コミュニケーションの力などが、チームの学習活動にとって不可欠の能力になってくる。そして、こうした実践的な学習活動を通じて人間としての幅広い能力、4つワークの人材基礎力が鍛えられていく。

　論語では、「仁」「義」「礼」などの徳を豊かに備えた人間の育成を大きな目標にしている。相互協力のあり方（ハートワーク）や人間の行動（フットワーク）の正しいあり方などについて、孔子は弟子にあてて多くの素晴らしい言葉を残している。もし孔子が DA ラーニングの学習現場に登場したら、おそらく学生に向けて同じような温かくて厳しい励ましの言葉を次々に投げかけてくれるのではなかろうか。

　5章ではハートワークの問題、6章では行動（フットワーク）および望ましい礼節のあり方、7章では人材ネットワークと言語コミュニケーションの問題を取り上げて、その重要性および学習に絡むいろいろな問題点を検討する。DA ラーニングの学習において、2500年前の孔子の優れた名句の数々が、今も変わらず直に学生の心に響き、学生の学習活動を励まし支えてくれるものと思われる。

心内知性と対人知性

　豊かな人間性の涵養には、脳の中で論理的な思考を司る理性の働きだけでなく、情動の動きを伴った心の知性（emotional intelligence）につ

99

いても大きな関心を持つことが必要になる。伝統的な学習では、頭の思考力（ヘッドワーク）のトレーニングがもっとも重要な課題であるが、DAラーニングでは、単に頭で考える訓練だけでなく、より良い心の知性の働きが求められる。孔子の人材育成の方法も、心の知性の開発に着目した教育法であり、DAラーニングと共通するところが多い。

　以下、心の知性の内容を心内知性と対人知性とに分けて、論語の知恵をいかにDAラーニングに生かしていくか、具体的に検討していこう。心内知性とは、自分の心をよく磨きセルフコントロールしながら目的の達成に向かって自分を誘導していく知性の働きである。対人知性とは、様々な他人と良好な関係を築きながらうまくものごとを進めていく知性の働きである。

1節　心内知性
〜「挑戦心」「忍耐力」「セルフコントロール」

1　強い知的好奇心と五感観察起動システム

① 子曰く、憤せずんば啓せず。悱せずんば発せず。一隅を挙げて三隅を以て反らざれば、則ち復たせざる也。(述而7-8、井波180)
「先生は言われた。知りたい気持ちがもりあがってこなければ、教えない。言いたいことが口まで出かかっているようでなければ、導かない。物事の一つの隅を示すと、残った三つの隅にも反応して答えてこないようなら、同じことをくりかえさない」

〈解説〉
①では、学習活動で、自らの強い知的欲求・好奇心の重要性を指摘し、知的好奇心が乏しく、問題意識の弱くて、あまり深く考えない学生には、孔子でさえどうしようもないと嘆いている。ある一つのことを教えると、自分の頭でそれをヒントにして新たに展開させて、次々に新しいことを考え理解するような鋭敏さが欲しい。

DA ラーニングは学生の主体的能動的な学習活動であり、したがって、学習活動を行う学生の継続した強い知的好奇心が、この活動の前提条件とされている。様々な社会的事象に関して彼らの知的な欲求・好奇心が強くなってこそ、はじめて学習活動が進むのである。先行き不透明な探索型学習活動に積極的に挑戦し、困難な活動を持続させていくには、学生の心の中に弛まぬ強い知的好奇心とそれを実現させる勇気、そして忍耐心が求められる。

五感観察起動システム

　何か一つ特定のものに関心や興味が出てくると、人間の五感による観察はそれに関連した事象にも強い焦点を当てるようになる。あるお相撲さんについて誰かの話を聞くと、それ以降テレビの相撲放送が気になって真剣に見るようになり、そこでいろんな観察を通じて相撲に関する自分流の新たな発見をすることができる。それが脳の五感観察起動システムの働きである。何かのきっかけで知的な興味のある対象が生まれてくると、そこを拠点にして周りのそれに関連したいろんな事象にまで観察の五感を集中させるようになり、今まで見逃していた細部の様々なことも鮮明に観察して認識し、考え判断するようになる。先生から何か一つ伺うと、五感観察起動システムが働いて、それに関連する細部の諸問題についても興味が湧いてより鮮明に観察し、自分なりに広い視野から新たに考えるようになる。

　脳内の五感観察起動システムを鍛えておけば、チームで課題を決めるとそれに関連した様々の細かな社会事象に強い興味を持ち、五感の観察を通じて多くの細かな情報が次々に入ってくる。こうしてチーム活動に関連したいろんな社会事象についてより深く強い興味を持って観察して知識情報を収集し、チーム課題に関連する知識基盤がより豊かになる。

2　挑戦心

① 冉求 日く、子の道を説ばざるには非ず、力足らざればなり。子曰く、力足らざる者は中道にして廃す。今女は画れり。(雍也6-12、井波153)
「冉求 が言った。先生の道を学ぶことはうれしく思わないわけではありません

が、力が足りないのです、と言ったので、先生はいわれた。力の足りないものは（進めるだけ進んで）中途でやめることになるが、今おまえは、自分で自分の限界をあらかじめ設定して自分から見切りをつけ、やらない言い訳をしているのだ」（金谷 113）

② 季文子　三たび思いて而る後に行う。子　これを聞きて日く、再びすればこれは可なり。（公冶長 5 - 20、井波 129）

「季文子は三度考えてから実行に移した。先生はこれを聞いて言われた。二度考えれば十分だ」

③ 義を見て為さざるは、勇なきなり。（為政 2—24、井波 48）

「行うべきことを前にしながら行わないのは、臆病ものである（ためらって決心がつかないから）」（金谷 49）

④ 子日く、内に省りみて疚しからず、夫れ何をか憂え何をか懼れん。（顔淵 12 - 4、井波 342）

「先生は言われた。自分で内心反省し、うしろめたいことがなければ、何も悩み、恐れることはないだろう」

⑤ 譬えば地を平らかにするが如し。一簀を覆うと雖も、進むは吾が往く也。（子罕 9 - 19、井波 257）

「たとえば地面を平らかにするようなものであり、（はじめの）モッコ一杯分を地面にあけたとしても、それは進んだのであり、自分が前に向かったのである。」

〈解説〉
①では、挑戦することの大切さはよく分かっていても、挑戦には常に失敗のリスクが伴うために自分にはできないと、初めからやらない言い訳をして尻込みする。こんな姿勢に対して、孔子は厳しく叱っている。②③④では、過度に慎重になり、ぐずぐずしてなかなか新しい挑戦に取り掛かろうとしない態度には、心にやましいところがなければ恐れるな、勇気を持ってすぐやれと、発破をかけている。⑤ごく小さな一歩でもやってみなさい。それでもう自分の作業が前に進んだことになる。

　DA ラーニングの学習では、自分でやってみたい、興味のありそう、役立ちそう、などと少しでも思えば、それらの課題や問題を取り上げ、実践的な行動に思い切って挑戦することが重要になる。特に海外調査などは、自分のチームの力量ではとても無理と判断して、初めから諦めてしまう学生たちがしばしば見られる。実際に挑戦しなければ、そこで学

ぶことができないし、貴重な海外の経験を得ることもできない。

　自分の心の声に素直に聞き耳を傾け、心のなかに後ろめたいものがなければ、真剣に勇気を奮って果敢に取り組んでみる。好奇心の旺盛な若いうちには、やりたいことはすぐにやってみる。失敗しても社会的に容認される幅が大きいので、途中の失敗を過度に恐れることはない。興味のある課題にはすぐに挑戦する、という日頃の行動習性を身につけるべきである。

3　学習意欲

① 子曰く、仁遠からんや。我れ仁を欲すれば、斯に仁至る。（述而7-29、井波203）
「先生は言われた。仁は遠いところにあるものだろうか。いや、自分が仁を求めさえすれば、仁はたちまちここにやって来る」
② 仁を為すは己に由る。而して人に由らんや。（顔淵 12-1、井波338）
「仁徳を実践するのは、自分自身によるものであり、他人によるものではない」
③ 子曰く、之れを如何せん、之れを如何せんと曰わざる者は、吾れ之れを如何ともすること末きのみ。（衛霊公15-16、井波465）
「どうしたらいいか、どうしたらいいかと自ら解決を求めない者は、私もどうしたらよいかわからない」（山本132）

〈解説〉
①では、「仁」は、手の届かないはるか遠くにあるものではない、本人自身が能動的にやる気になれば修得することができるものだと、「仁」の習得というあまりにも大きな目標を前にして尻込みする弟子たちを励ましている。②では、自ら主体的能動的に取り組むことの重要性を指摘している。③どうしよう、どうしようと深く考え悩みぬく、自分から問題解決策を求める能動的な学習姿勢が不可欠である。

うわべだけのやる気には注意
① 宰予、昼に寝ぬ。子曰く、朽ちたる木は雕可からざる也。糞土の牆は杇可からず也。予において何ぞ誅めん。子曰く、始め吾れ人に於ける

や、其の言を聴きて、其の行を信ず。今 吾れ人に於けるや、其の言を聴きて、其の行を観る。予に於いてか是れを改む。　　　（公冶長 5 − 10、井波 117）

「宰予が昼間から奥の間に引っ込んで寝ていた。先生が言われた。腐った木には彫刻できない。泥土の垣には上塗りができない。宰予のような者は叱ってもしようがない。また先生は言われた。私は今まで他人に対して、その言葉を聞くと、（言葉どおりと思って）その行動を信じてきた。これからは他人に対して、その言葉を聞き、その行動をよく見るようにする。宰予のことをきっかけに、このように態度を改めよう」

〈解説〉
①では、言葉だけで実際にはその通りに行動しようとしない弟子にはお手上げだと嘆いている。うわべだけでやるやると学習意欲を示しても、実際に主体的能動的に学習にとりかからないと、なかなか信用することができないものだ。実践する中で学習意欲を出すことが大切である。

　　DA ラーニングは学習の自主的能動的な学習活動であるために、学習期間中に旺盛な学習意欲を保持することが不可欠である。チームの中の誰か一人でもやる気をなくしてしまうと、リンゴの小さな腐り傷が徐々にリンゴ全体に広がっていくように、チーム全体の士気が落ちて、チームが崩壊してしまう危機に迫られる。DA ラーニングは、本来自分でやろうとすれば必ずできるものであり、そんなに難しいものではない。要は本人のやる気である。孔子も、本気になって真剣に自分からやる気を出せば、「仁」の学習はうまくいくものだと、弟子たちを懸命に励ましている。

4　忍耐力と持続力

（1）忍耐力

① 小を忍ばざれば、即ち大謀を乱る。（衛霊公 15 − 27、井波 474）
「ちょっとしたことをがまんしないと、大きな計画に害を与える」

〈解説〉
①大きな計画を実施するときには、当面の個々の小さな欲望を抑えて耐えていかないと、全体の計画そのものがうまくいかなくなる。

　探索型の学習活動では、常に途中で様々な困難に直面しており、学生はそれらを次々に突破しようと懸命に頑張っている。その間どんな辛いことがあってもみんなでじっと耐えていかなければならない。ここで我慢しないと本来の学習計画そのものが大きく狂ってしまい、最終的に失敗に終わる危険性が出てくる。これが探索型の学習活動の大きな特徴である。

　DA ラーニングでは、参加する学生の忍耐力が不可欠である。初めの段階で何があっても最後まで堅忍不抜の強い意思と不撓不屈の精神で自己の欲望を抑えて耐え抜く、という強い覚悟が要求される。芸事やスポーツなどの修養と基本的には同じ姿勢が要求される。途中で様々な困難に耐えている間に、前途に対する希望が自然に湧いてくるものである。その間にただ何もしないで時間の経過に身を任せるのではなく、みんなで知恵を寄せ合って考え悩み問題解決策を模索していく。それによって脳内の神経細胞ネットワークが強く刺激され鍛錬される。

　こうして強化拡充された脳内神経細胞ネットワークの働きで問題解決能力が飛躍的に高まり、直面した困難を乗り越える力がついてくる。その結果、壁を突破する希望がますます強く現実のものになる。こうして時間をかけて耐え抜くことが、実際に目の前にある壁突破の強い推進力を生み出し、学習活動の成功への道を押し開いていく。倦むことなく地道にこつこつ積み重ねていってはじめて、大きな成果が得られるものである。

（2）持続力　～倦まず厭わず学問を継続

① 曰く、倦むこと無かれ。（子路13－1、井波368）
「（先生は）言われた。飽くことないようにしなさい」
② 仁者は、先ず難んで後に獲。仁と謂うべし（雍也6－22、井波162）
「仁徳をそなえた人はまずいろいろ苦労したあげく、目的に達する、これが仁だ」
③ 吾れ其の進むを見る也。未だその止まる見ざる也。（子罕9－21、

井波259）

「私は、彼（最優秀の弟子顔回）が前進するのを見たが、いまだかって停止するのを見たことがない」

④ 子曰く、学ぶに及ばざるが如くするも、猶お之れを失うを恐る。
（泰伯8－17、井波231）

「先生は言われた。学問をするには、（学ぶ対象を必死で追いかけても）追いつけないような気持ちでやっても、まだ見失う恐れがある」

⑤ 抑そも之れを為して厭わず、人を誨えて倦まざるは、則ち謂う可きのみ。（述而7－33、井波207）

「嫌気を起こさず辛抱強くやりつづけ、飽くことなく人に教えるという点では、評価してもらえるだろう」

〈解説〉

①で、いろいろな機会に孔子は倦むことなかれと弟子に諭している。②で、自分の理想の目標を達成するには、途中で大変な努力が不可欠であり、はじめから楽をしようと考えるようではダメである。継続的に大変な学習活動を積み重ねてはじめて最終的に大きな成果が期待されるものである。③もっとも優秀な弟子の顔回は、毎日懸命に学習して進歩し続けた。④では、実際に学問は難しく、それを必死に追いかけて学んでも、なお分からないところが出てくるものである。倦まず諦めずに学問に精進することの大切さを教えている。⑤で、教える孔子も飽くこともなく繰り返し教える。学ぶ側と教える側との継続した飽くことなき努力の重要性が言われている。同じような言葉は、次の章句にも見られる。

　子曰く、黙してこれを識し、学んで厭わず、人を誨えて倦まず。我れに於いて何か有らんや（述而7－2、井波175）「先生が言われた、黙ってしっかり記憶し、嫌気を起こさず学問に励み、飽くことなく人に教える。こんなことは私にとって苦にならない」。

　実践的な学習活動は、まだ良く分からない未知で未確定の問題を取り上げ、その解決策を探求するものであり、その途中にはいろいろな可能性を求めて試行錯誤を繰り返している。未知の問題に関する課題探索型の学習には、事前にしっかりした進むべき道が見えないために、しばしば思考の迷路の中に入り込んでしまうことも多く、また、大きな壁の前で学習活動の挫折を繰り返すこともある。これが探索型の実践的学習の基本的な特徴である。未熟な若者にとって魅力のあるものでありなが

106

ら、同時に、その難しさを恐れるあまり課題探索型の実践的学習への取り組みに躊躇し尻込みをする要因にもなっている。今の学生は、なんとなく不確定で不透明で先が見通せないような問題や課題にはあまり関心を持たない傾向がみられる。長年ただ一つの誰もが納得する（論理的な推論の）正解がある問題ばかりを取り上げてきたからである。

　学生の学習活動は、一定の限られた期間の中で進められている。したがって、学習活動の最終目標を時間的に見て達成の見込めるものに設定しておくことが不可欠である。途中で難しい壁に遭遇すると、学習チームとして何を明らかにしようとしているのか分からなくなり、その先のやるべきことを見失う危険性がある。その結果この時点で挫折したり、時間を大幅に浪費してしまう。時間内に学習活動を完了させるためには、当初から目標に関してはある程度低いところに設定し、自ら作成した「作業工程表」をチーム活動の大切な道案内にして着実に前進していかなければならない。

　学習チームは、最終目標に向かって進む途中でチーム活動の達成状況を振り返りチェックし、軌道修正を繰り返しながら前に進めていく（「マイルストーン学習法」）。ここではその学習プロセスそのものが大切なものになる。たとえ、限られた時間で最終的に理想的な研究成果（問題解決策）を導くことができなくても、途中でチームの議論を繰り返しながら悩みぬくこと自体が、学生の学習活動にとっては重要な仕事になる。その間に、考え悩むことで脳内の神経細胞ネットワークが強化拡充されていくからである。孔子も、大変な学習過程で決して諦めない努力の持続性・継続性を非常に重視しており、辛抱強く根気よく思考を繰り返す学生を高く評価している。

5　中庸

① 中庸の徳為るや、其れ至れるかな、民鮮きこと久し。（雍也6-29、井波170）
「先生は言われた。中庸の徳義としての価値は、至高のものだ。しかし、その徳義を持つ人間が乏しくなってから、長い時間がたってしまった」
② 子貢問う、師と商と孰れか賢れる。子曰く、師や過ぎたり、商や及ばず。曰く、然らば則ち師愈れるか。子曰く、過ぎたるは猶お及ばざ

るがごとし。（先進 11 - 16、井波 316）

「子貢がたずねた。師（子張）と商（子夏）とどちらがすぐれているのでしょうか。先生は言われた。師はやりすぎであり、商は引っ込み思案だ。子貢は言った。ならば師のほうがすぐれていますか。先生は言われた。やりすぎと引っ込み思案は似たようなものだ」

〈解説〉
①論語で中庸について取り上げているのはこの章句だけであるが、中庸の価値は最高のものと指摘している。②では、その具体例として、引っ込み思案も良くないけど、やりすぎもよくないと、調和のとれた中庸の言動の大切さを諭している。

　チーム活動では、チーム内における自分の置かれた立場をよく理解して、仲間とうまく調和しながらやっていく中庸のバランス感覚も非常に重要になる。中庸のバランス感覚に恵まれた学生は、しっかり自立しながらも自然にメンバーの一員としてチームへの責任感と貢献の心が強くなっている。良いバランス感覚に恵まれてセルフコントロールの力が強い学生は、自分のことだけを考えるのではなく、自分がチーム全体の活動にどのように貢献できるかをよく考えながら、自分の行動に優先順位をつけて学習活動に取り組んでいる。こうした現場経験を学生時代から深めていくと、社会人になっても集団の中でよく調和のとれた中庸の礼節ある社会的行動をとれるようになる。

6　セルフコントロール　〜克己復礼

（1）セルフコントロールの重要性

① 顔淵、仁を問う。子曰く、己に克ちて礼を復るを仁と為す。一日己に克ちて礼に復らば、天下仁に帰す。仁を為すは己に由る、而して人に由らんや。（顔淵 12 - 1、井波 338）
「顔淵が仁についてたずねた。先生は言われた。自分の欲望を克服して礼の方式にたちかえることこそ、仁徳である。一日でも自分の欲望を克服して礼の方式

108

にたちかえったならば、天下じゅうの人々がその仁徳になつき集まってくる。仁徳を実践するのは自分自身によるものであり、他人によるものではない」

② 子四を絶つ。意母く、必母く、固母く、我母し。

（子罕9-4、井波241）

「先生は四つのことをなさらなかった。私意をもたず、無理押しせず、固執せず、我を張られなかったのである」

③ 子曰く、君子は諸を己に求め、小人は諸を人に求む。

（衛霊公15-21、井波469）

「先生は言われた。君子は何事も自分に求めるが、小人は他人に求める」

〈解説〉

①は「克己復礼」（己に克ちて礼に復る）、自分の欲望をよくコントロールして正しい社会的規範に従って行動することの重要性を指摘している。その時外から与えられている社会的規範「礼」に、他人からの力で従う他律的なものではなく、自分から進んで自律的に服従するのが「仁」である。②孔子自身も、よく自分の欲望をコントロールした行動を取っており、自分勝手な行動をしたり、無理押ししたり、固執したり、我意をはったりすることを慎んだ。③万一物事がうまくいかなければ、自分の欲望を抑えるセルフコントロールに問題があったとして、自己責任を認識して反省する。

　DA ラーニングのチーム活動では、参加するメンバー全ての積極的な協力がなければ前に進んでいかないが、その前提としてみながそれぞれに自分の内なる欲望に対するセルフコントロールが不可欠である。行動においては、私心を克服して礼を重んじる。それが論語で非常に重視されている「克己復礼」である。大勢の人々が頻繁に触れ合っている人間社会では、お互いの間の争いや軋轢など社会的な混乱をできるだけ避けるために、日常的な行動にあたっては、自分のセルフコントロールを十分発揮して社会的な規範や基準、「礼」を尊重し、相互の暗黙の了解のもとにそれに従って動いていくことが求められている。

　ここで社会的な規範「礼」は、本人にとってすでに外部から与えられた他動的なものである。したがって、本人には正当と信じられる自律的な行動でも、伝統的な「礼」の名の下に他動的なもので歪め抑えられるおそれがあるかもしれない。「礼」について深く学習し、その内容や意

味を十分理解した上で、自分の考えを深め、自分の意思で自律的に
「礼」を尊重し従っていくことが必要になる。
　DA ラーニングでは、仲間のことを無視して自分の欲望のままに自分
勝手に行動していくと、チーム内で利害の対立が生じて、やがてチーム
の協力体制が瓦解してしまうおそれがある。ただ、ここで必要なセルフ
コントロールは、自分のやりたいことは何でもすべて抑えてしまうとい
うことではなく、全体の調和を乱すような無理な我意や固執を控えるこ
とである。自分で状況をよく見て判断し、自分の意思、意欲、感情の流
れを自分で十分把握して、チーム内でお互いに根気よく忍耐強く話し合
いを続けていく。その際、相手のこともよく考えて、自分のやりたいこ
とや希望を実現させるために、自分はどうしたらいいのか、どこで相手
と折り合えるか、自分を生かしながらも仲間も生きる道を模索していく
のが、本当のセルフコントロールである。このセルフコントロールを働
かせる情動の中で重要なものは、忍耐の精神力と中庸のバランス感覚で
ある。

セルフコントロールと自己犠牲・社会貢献

　より深いセルフコントロールは、単に自己のわがままな行動を抑制す
るということだけでなく、積極的に他人の幸せのために厳しい自己犠牲
をも進んで引き受けるもので、高度に利他的な社会奉仕の行動である。
自己犠牲的な社会奉仕・社会貢献の行動は、「仁」の中の思いやり
「恕」と密接につながり、他人のためを思って献身的に他人へ愛の奉仕
活動を行う。大きな自己犠牲を伴うセルフコントロールから生まれる奉
仕や貢献の行動は、喜んで自分を殺して他人を生かす、というまさに至
上の愛であり、一番尊い「仁」の行いである。特に社会的リーダーは、
他人のために自分の欲望を抑え、自分を犠牲にしてでも理想的な社会の
実現のために誠心誠意尽力する（いわゆる、もうこりた「忘己利他」）、
という重要な社会的責任を果たさなければならない。そのためには高い
志と強い意欲が求められる。

（2）セルフコントロールの鍛錬

① 子曰く，礼に非ざれば視る勿れ。礼に非ざれば聴く勿かれ。礼に非ざ
れば言う勿れ。礼に非ざれば動く勿れ。顔淵曰く、回や不敏と雖も、

請う斯の語を事とせん。（顔淵12―1、井波338）

「先生は言われた。礼の方式にはずれたものには、目を向けてはならない。礼の方式にはずれたものには耳を傾けてはいけない。礼の方式にはずれたことは言ってはならない。礼の方式にはずれた行為はしてはならない。顔淵は言った。回（顔淵の名）は愚かではありますが、このお言葉を実行したいと思います」

〈解説〉

①は前述の「克己復礼」の章句の後半にあたる言葉である。心のセルフコントロールの力を鍛えるのは、日頃から礼をはずれた言動を、自分から見たり、聞いたり、言ったり、行ったりしてはいけないと諭しており、もっとも優秀弟子の顔回はそれらを素直に実行しようとしている。人間関係における礼儀を大切にした日頃からの慎ましい良い言動が、セルフコントロールの鍛錬にとって不可欠である。日頃から礼を失した言動には敏感に反応して自分から遠ざける。

　情動の暴発を抑えるためには、常に心内知性の鍛錬が必要になる。もともと本能的な感情を司る旧皮質の神経細胞は、瞬間的に周りの危険から自分の命を守るために、考える理性への行動指令という命令系統をパスし、理性の判断なしに直接に情動に行動指令を出している。その瞬間的な行動指令によって人間は、火事場の馬鹿力を出して危険から脱出することができる。その意味で、人間が生きている限り、本来危機の時に瞬間的に発動される情動の動きをコントロールすることは非常に困難な問題である。

　通常の場合は、外から何か危険な情報があると、すぐに新皮質の理性へその情報が流され、理性による合理的で冷静な判断にしたがって、新たな行動指令が出される。したがって、自分を失ったような激情的な行動は抑えられる。

　感情の暴発を抑えるには、もともと命に関わることであるので非常に困難であるが、多様な社会経験を積む中で自分の心の修養を通じて、徐々に本能的な情動の爆発を強い理性の働きでコントロールしていくことが可能になる。すでに述べたように世の中の多くの活動には、その行動の仕方に求められる適切な「礼」が社会的なルールとして決められている。感情のままに動いてきた古い人間を一定の社会秩序の中に囲い込

んで社会的なルールに従って行動するように馴化させるための手段として、その社会に特有の正しい行動のやり方を示す社会的規範「礼」がある。前述のように理性の懸命な働きによって本来性善説の人間はもともと悪いことはしない。しかし、本能的な激しい情動の働きのもとでは、逆に人間は本来性悪説で醜い欲望がむき出しになる。その時には、感情の暴発をコントロールするための外部的な規制（社会的規範）「礼」が必要になる。人々はこの「礼」を守ることで社会的なルールの中で生きていくことができる。

　このように考えると、セルフコントロールの力を強化することは、礼を深く学び、礼を習得し、それに従って状況をよく判断して、自分の行動を律していく能力を養うことになる。「礼」に関する深い学習・習得とそれに導かれた礼節ある行動の習慣化に努力し、それを通じて、礼節を外れるような本能的な感情の暴発をできるだけ遠ざけていく。本能的な感情の暴発は、非常に強いものであるが、脳内の繰り返しの訓練によって脳内神経細胞ネットワークが拡充強化されてくると、たとえ生命の危機の瞬間でも、瞬間的な感情の働きだけでなく理性もよく働けるようになってくる。このような脳内の仕込みができてくると、徐々に感情の暴発を抑えて理性的な判断が働くようになる。感情のままに暴発して聞き分けのない子供も、新皮質の脳内神経細胞ネットワークの成長にしたがって、感情の暴発（の行動）から逃れて理性的な判断による行動に移っていく。

　論語には、*吾れ日に三たび吾が身を省る（学而 1-4、井波 5)*「私は毎日、三つの事について反省する」とあるが、ここで「省る」ということの意味の中に「自分の欲望を整理し、切り捨てる」という内容が含まれている。セルフコントロールの力を育成しようとすれば、毎日の自分の行動を振り返り、心の中に望ましくない欲望が働いているならば、それらを整理して必要に応じて切り捨てていかなければならない。毎日反省し欲望の整理が繰り返されることで、日々の行動における正しいセルフコントロールの習慣化が深まっていくと思われる。

　また、*仁者のみ、能く人を好み、能く人を悪む。（里仁 4-3、井波 82)*「仁徳を体得した人が、真に人を好み、人を憎むことができる」

　「仁」の徳を修得すれば、人間に対する好悪の感情を自然に発露させても、その行動は節度を超えない範囲に抑えられる。対人知性の「恕」の徳を学ぶのが重要であり、他人への愛の思いが十分深くあれば、他人

との人間関係において、たとえどんなに感情の自然な起伏のままに動いたとしても、決して暴発して他人を傷つけるようなことはなく、よくコントロールされたものになる。

　その意味で、実践における「礼」を学ぶと同時に、常時、誰に対しても人間としての温かく深い思いやりの気持ち「恕」を大切にして礼節のある行動をとるように習慣化していくべきである。DA ラーニングで「礼」の実践的な学習を通じた礼節ある行動の習慣化は、豊かな心内知性の育成に非常に大きな役割を果たしている。

2節　対人知性　〜「信」「恕」「譲」

1　豊かな対人知性とチームワーク

　チームの実践的な学習活動で良好な人間関係を支えているのが、メンバーの豊かな対人知性の働きであり、その中心は、「信」と「恕・譲」の心である。どのような厳しい時でも、チームの仲間に対してお互いを信頼し、常に仲間を思いやり譲りあう心を保ちながらチーム一体となった学習活動を行うことが大切である。

　長い時間における厳しい作業では、チームメンバー間の相互信頼性が不可欠である。学習活動の辛い作業が連続していく中で仲間のことが信じられなくなると、自分勝手な振る舞いをする学生が出てくる。学習活動の途中で外部の人々とのアポ取りなど面倒な仕事は、常に他人任せにしており、チームの重要なミーティングにも自分の都合だけを優先して常時参加しようとしなくなる。学習活動では、自分一人にこもってしまう傾向が見られ、最後のチーム論文やチーム活動の報告書などの執筆の際には、自分の執筆分担部分の作業だけを先に終えてしまい、他の仲間たちと執筆内容について積極的に話し合ったり調整したりしなくなる。そのためにチームの協力体制に綻びが生じる危険性が出てくる。

　お互いに温かい思いやりの心でチームの作業を一緒に展開しようとすると、仲間同士の共感力が高くなり、チームの協働作業がよりうまく進展していく。仲間を信じ思いやりの心で相互に協力しようとすれば、良いチームワークの働きによってチームはそれだけ大きなパフォーマンス

を上げることができる。チームの仲間みんなが作業の苦しみ悩みを分かち合っていくと、個々のメンバーの困難に耐える力もそれだけ強くなる。またチームが目標を達成した時の感激・喜びも、仲間と分かち合うことでより大きなものになる。

　こうした仲間との協働活動を通じて各メンバーのチームへの帰属意識がますます強化される。そして、この帰属意識の深まりの中で自らのチームへの強い誇りの気持ちが出て、最後の論文コンペティションに向けてより秀れたチーム成果をあげようと学習へのインセンティブがさらに高くなる。

　以下、良好なチームワークを維持するために不可欠な豊かな対人知性の内容について、「信」「恕」「譲」の順に孔子の教えに耳を傾けてみよう。論語では対人知性に関して非常に多くのところで取り上げており、以下ではできるだけ重要な章句に焦点を合わせていく。

2　「信」「恕」「譲」

（1）　「信」〜信頼・誠実の重要性

① 子貢曰く、必ず已むを得ずして去らば、斯の二者に於いて何をか先にせん。曰く、食を去らん。古自り皆な死有り。民　信無くんば立たず。（顔淵12-7、井波346）

「子貢は言った。どうしてもやむをえず、（「食糧」と「民衆の信頼」との）どちらかを捨てねばならないとき、二つのうち、どれを先にしたらいいでしょうか。（先生は）言われた。食糧を捨てることだ。昔から誰でもみな死ぬ運命にある。民衆は信頼感がなければ、立ちゆかないものだ」

② 子曰く、人にして信無くば、其の可なることを知らざる也。大車に輗無く、小車に軏無くんば、其れ何を以てか之れを行らんや。
（為政2-22、井波45）

「先生は言われた。人間でありながら誠実に信義を守らない者は、可能性が見いだせない。牛車に輗がなく、馬車に軏がなければ、どうして車を進めることができようか」

〈解説〉

①②では、社会生活の中で生きていく上で人間の信頼と信義を守ることが（命を維持する食料よりも）重要であることを指摘している。誠実に信義を守ろうとしない者には、前に進むための大切な人間的基盤ができていなので、これから伸びていく可能性はまったくない。日本の伝統的な家庭教育では、「嘘をつくな！」と「正直」の大切さを子供に教えているが、他人との信頼関係をなによりも尊重している。

社会的マナーのもっとも重要なものの一つとして「信」があげられる。人間関係で相互の信頼性を失えばもはや交流そのものが難しくなる。政治の世界でも、指導者と支持する民衆との間の信頼性がもっと重要なものであり、昔も今も変わらずに、信頼性をなくした社会的指導者はもはや政治的生命を失ったも同然である。

DA ラーニングでは、チーム内の仲間同士が誠実にまごころこめてお互いに交流していくことで、メンバー相互間の信頼性が確かなものに発展していき、そこから良好なチームワークが生まれてくる。仲間同士がお互いに馴れ合ってしまうと、お互いを軽く考えて自分勝手に振る舞う傾向がある。そこからふとした出来事で相互の信頼性に傷がつくことがある。どんなに親しくなっても仲間に対するリスペクトと信頼の念を片時も忘れるべきでない。そこに相互の敬愛に基づいた永続する真の友情が育ってくる。

さらに、チームの実践的な学習活動を進めるにあたって、外部の人々からチームへの温かい信頼をいただくことは、非常に重要な成功の条件になる。学生が実社会で初めて調査活動を行うのに、信頼し頼りにするのは訪問先の人々である。特に海外調査では、土地勘もなく非常に不安な思いに駆られている若者にとって、まったく見知らぬ自分たちを信頼して温かく迎え入れてくれる現地の人々は、まさに救いの神である。さらに、チームの活動状況を聞いて、学生たちの意欲と熱意を受け入れ、貴重な現地情報の提供や現地の視察などに次々便宜をはかってくれる。その後のチーム活動の生命線になるようなまったく新しい発見や新しい考え方を丁寧に教えてくれる。ある場合には、学生チームの滞在中に身辺の面倒まで親切に見てくれる。「よくぞここまで初めて会った君たちの面倒を見てくれましたね」と、帰国した学生からの報告を聞いて、担当教員が感謝の気持ちいっぱいに驚くことがしばしばであった。

ここまで緊密に外部の人々がチームの実践的学習活動に関心を持って

親切に絡んでくれるのは、学生たちへの信頼感があるからである。学生たちは、真剣な事前学習による予備知識の準備、好奇心に満ちた意欲的な質疑応答、明るく清潔な若者らしい振る舞い、深い専門知識を背景とした丁寧な言葉遣い、現地でのしっかりとした節度ある行動など、はじめて接触する相手から確かな信頼感を得るためには、十分な作業準備を慎重に進め、その上に立ってそれぞれの現場でしっかりとした行動をしている。また、学生たちは、こうした活動の中で相手の方を全面的に信頼し頼りきっている。基本的には、お互いの信頼感が深まってはじめて、実社会での調査活動がより大きな成果をあげるようになる。

　また、一度ゼミの学生に対する信頼感が生まれてくると、翌年以降の海外調査でも気持ち良く後輩たちを受け入れてくれる。学生の年々の受け入れが続くと、支援してくれる外部の人々とゼミとの間で、ますます相互の信頼関係が深まっていく。長い目で DA ラーニングを成功させるためには、実践的な学習活動を通じて外部の人々との間で深い信頼関係を構築していくことが、非常に重要課題になる。

（２）　「恕」

① 子貢問うて日く、一言にして以て身を終うるまで之れを行なうべき者有りや。子日く、其れ恕か。己の欲せざる所、人に施すこと勿れ。（衛霊公 15－24、井波 471）
「子貢がたずねて言った。一言だけで生涯行っていくべきものがありますか。先生は言われた。それは恕であろうか。自分がして欲しくないことを他人にしてはならない」
② 子貢日く、我れ人の我を加ぐを欲せざる也。吾れも亦た人を加ぐ無からんと欲す。（公冶長 5－13、井波 119）
「子貢は言った。私は他人が私に圧力を加えることを望まないし、私もやはり他人に圧力を加えることがないようにしたい」

〈解説〉
①論語で「其れ恕か」の思いやりは、もっとも知られている重要な言葉である。他人にしてもらいたくないことは、自分も他人にするな！これは「仁」の中核をなす徳目である。②では、さらに具体的な思いやりの行動として、自分が他人からして欲しくないことは、自分も他人に無理

に押し付けすることがないように注意する。

　論語の中でもっと重要な徳義である「恕」思いやりの気持ちは、良好な対人関係を保つ対人知性の中核的な徳目であるが、単に DA ラーニングの活動だけでなく、一般社会の日常生活の中でも、常に思いやりの気持ちを大切に育てていくべきである。仲間への思いやりの心は良好なチームワークを支えるもっとも貴重な情動であり、それを土台としたチームの活発な協働作業を通じて素晴らしい成果がもたらされる。その時、お互いに助け合い励まし合う本当の友情が育ってくる。同時に、良好なチームワークの中でこの思いやりの大切さを身にしみて体得した若者は、社会に出てもあらゆるところで常に相手への思いやりの気持ちを忘れずに、多くの人々と協調し助け合おうとする習慣をしっかり身につけている。

（3）　「譲」

① 夫れ仁者は、己（おのれ）立たんと欲して人を立て、己達（たっ）せんと欲して人を達す。能く近く譬（たと）えを取る。仁の方（よ）と謂う可（べ）きのみ。（雍也 6 – 30、井波 171）
「そもそも仁者は自分が樹立したいと思えば、まず人を樹立させる。自分が達成したいと思えば、まず人に達成させる。（何かを他人にしようとするときは）自分の身にひきつけ考えてから始める。これこそ、仁を実践する方法だ」

② 曾子（そうし）曰く、能（のう）を以て不能（ふのう）に問い、多きを以て寡（すく）なきに問い、有れども無きが若（ごと）く、実つれども虚（むな）しきが若く、犯（おか）されても校（かか）いず。昔者（むかし）　吾（われ）が友、嘗（かつ）て斯（ここ）に従事（じゅうじ）せり。（泰伯 8 – 5、井波 220）
「曾子（そうし）が言った。自分が才能があるのに、才能のない者に質問し、自分が豊かな知識があるのに、知識の乏しい者に質問し、持っているのに、持っていないようにし、充実しているのに、からっぽのようにし、喧嘩を仕掛けられても手向かわない。昔、私の友だちは、そんなふうに行動していたものだ」

③ 子曰く、能く礼譲（れいじょう）を以て国を為（おさ）めんか、何か有らん。礼譲を以て国を為めずんば、礼を如何。（里仁 4 – 13、伊波 93）
「先生は言われた。譲り合う心で国を治めることができたとしよう。何の（むつかしい）こともおこるまい。譲り合う心で国を治めることができないようならば、礼のさだめがあってもどうしようぞ」（金谷 76）

117

〈解説〉
①では、自分が身を引いて他人を引き立てうまく成功するようにしてあげるという、譲り合いの精神で行う仁の実践の重要性を諭している。長い目でみれば、争うよりは、他人に譲ることで自分も生きてくる。②では、自分からへりくだって他人に頭をさげる（いわば不戦の）「譲」の行動の具体例をいくつかあげているが、なかなかそのような行動は難しいものである。③政治では譲り合う心が一番大切で、それがなくては「礼」の行動様式を定めてもどうしようもないものだ。

　実践的な学習活動で社会に出ていき、いろんな社会的立場の人々と接してお話を伺う時には、いつも自分の力のほどを弁えて慎み、教示をお願いするという謙譲の心で接していくことが不可欠である。その時、相手からも尊重され信頼されて、いろんな大切な情報を教えていただくことができる。孔子はそういう態度で人と接すれば世界中の人がみな兄弟になると言っているが、どこに行っても謙虚な学生は、親しみの情愛で学習活動の支援が得られている。チームとして立派な学習活動をすればするほど、決して謙虚な姿勢を忘れず、他人からの協力と支援に心からの感謝の気持ちを持つことが重要になる。

3節　思いやりの心とチームワーク・社会貢献

1　共感力とイマジネーションの力

共感力と利他的な行為
　他人への思いやりは、基本的には脳内の共感力を司る部位の働きによるものである。人間は、脳内のミラーニューロンによる共感力を通じて、自分の行動によって影響を受ける他人の情動を、そのまま自分の脳内に映し出してビビッドに感じている。自分の行動に刺激されて他人が喜ぶと、その喜びを自分も敏感に感じて喜びの情動がより強くなり、また、自分の行為で他人が苦しむ時には、自分もその苦しみを自分のことのように脳内の共感力で感じて苦しい気持ちになる。こうして共感力の働きが活発になると、自分の行動によって影響を受ける相手の情動を再

現するイマジネーションの力が非常に強くなり、相手の情動の動きと敏感に融合し一体化して自分の心が動いていく。それが脳内のミラーニューロンによる共感力の働きである。

　相手への思いやりとは、脳内の共感力の働きで、相手がどのようなニーズ、願望、希望を持っているかを十分よく察知し、相手の心の動きを自分の心の中で生き生きと鮮明にイメージし、それに敏感に反応しながら相手の心の動きを尊重した行動を取ることである。論語で「恕」とは「己の欲せざる所、人に施すなかれ」。他人の痛みは、共感力の働きで自分の痛みになり、自分が痛みを避けたいのであれば、他人に痛みを与えるような自分の行動も慎むようになる。それが相手への思いやりの行動である。

　さらに積極的に自分の行為で他人が喜び・幸せになれば、それは共感力を通じて自分自身への喜び・幸せをもたらす行為になる。だから自分にとって喜ばしいことなら積極的にその行為に取り組むようになる。自分が誘引した他人の情動の動きを自分の心の中のミラーに映して自分の行為を決定していく。その時、行動は自然に相手のことを大切に思う利他的な行動になる。脳内のミラーニューロンによる共感力が十分発達しておれば、人間の本来の行動は、他人への思いやりの深い利他的なものになる。

　しかしながら、共感力は、すべての人の脳内で強く働いているとは限らない。自分の行動に誘発される他人の苦しみや喜びをイメージする力の弱い人々が、非常に多く見られる。人間は本来自分の欲を満たすように利己的な行動を取っている。共感力の弱い人は他人の情動の動きを敏感に感じられないので、自分の欲を満たすことが第一優先順位であれば、相手の痛みなどを軽視して自分の欲望の充足だけを考えて利己的な行動をするようになる。こうした利己的な行動から利他的な思いやりの行動に根本的に転換させるには、脳内の共感力を鍛錬し育てていくことが不可欠である。

イマジネーションの力と良好なチームワーク　〜社会的知性の働き

　他人への思いやりの心が強くなれば、他人の喜びや幸せのために自分も積極的にチームや社会に貢献していきたいという気持ちになる。自分の参加しているチームや地域社会などで生じた困難・紛争や大きな乱れなどが生じると、豊かに発達した共感力によるイマジネーションの働きによって、それらを生き生きと敏感に自分自身の深刻な問題として感じ

るようになる。その結果、その集団の一員であるという強い自覚から、集団活動に積極的に関与し、困難な問題解決のために自分も大きな貢献をしたいという思いが強くなる。これは思いやりの心に根ざした「社会的知性」の働きである。

　チームの学習活動で、メンバーの社会的知性が豊かになれば、積極的にチーム活動に関与し、良いチーム成果を上げるために自分も全力で仲間と協力しながら貢献しようとする。チーム仲間に対する思いやりの言動を行い、良好なコミュニケーションを深めながらチームワークの働きを高めて、チームの活動の活性化に貢献していく。

　長期にわたるチーム学習の活動の中では、何度か仲間内で議論が鋭く対立し、厳しい感情的な対立や葛藤に落ち込んでしまうこともある。そんな時も、相手の気持ちを鋭敏に察知する力があれば、温かい思いやりの心で敏感にそれらに反応して、自分の気持ちをうまく切り替えながら議論の鋭い対立を克服し、さらにより高次の次元に立って新しいものを作り出そうという前向きの積極性が生まれてくる。

　また、チーム内で常時相互のコミュニケーションがうまくいっていれば、メンバー間の関心や思考の違い・多様性がどんなに大きくても、また、チーム内で厳しい意見の対立や衝突が生じても、よく議論してその違いを乗り越え、より容易により短い時間でチームの活動を一つの方向に収斂させていくことが可能になる。

　このような雰囲気がチーム内に十分醸成されてくると、仲間への信頼感や安心感が大きくなり、自分の思いや率直な意見は胸の内に隠し立てせずに正直にすべてうち明けて、遠慮のない厳しく実り多い議論に発展させることも可能になる。チーム内の異質な仲間に対する相互の尊敬心や共感力・察知力の高いチームでは、チーム内の異分子の「個」の衝突によって創造への触媒融合作用がいっそう強く働くようになる。

2　社会的問題への強い関心

　現実の社会の姿・現状に関するイマジネーションの力が強くなると、学生は自ら特に関心のある社会問題を取り上げて学び、自分の問題としてその解決策をより真剣に考えるようになる。共感力の強い学生たちが集まったチームでは、その研究課題も社会的に非常に意味のあるものになる。豊かな共感力をベースにイマジネーションの強い力を発揮して、

この社会問題が如何に深刻で早急な解決策を求めているかを深く考えて、この問題をチーム課題として設定する。イマジネーションの豊かな学生たちほど、地球上の深刻な諸問題に積極的に挑戦しようとする気概が大きい。この社会問題の深刻な現状を詳しく学び、その中でどこに本当の問題があるのか探りだし、その問題解決策を求めてサムシングニューの創造的な活動を意欲的に続けている。

　孔子が期待しているのは、こうした共感力の強い若者の活動と思われる。孔子は、理想の社会が出現すれば私は何もしないが、社会の乱れが激しいので私もその問題解決のために力を尽くしたいと述べている。

　天下道あらば、丘は与に易えざるなり　（微子 18-6)「天下に正しい道が行われていれば、丘は変革しようとしないであろう」

　孔子自身も、優れた社会的リーダーとして脳内の共感力が極めて豊かで、社会問題に関するイマジネーションの力が特に強く、いつでも深刻な社会問題を心に描いて真剣に考え、問題の解決に取り組もうとされていた。

　また、共感力の豊かな学生の中には、社会的な問題への強い関心から社会的なボランティア活動に取り組む学生が非常に多い。脳内の共感力が強くなれば、単にチーム内で仲間と一緒に利他的な共感行動を活発に行うだけでなく、それぞれに関心の深い社会的な問題に対してボランティア活動を通じて社会貢献をしたいという強い思いを抱えるようになる。共感力の豊かな人は、様々な社会的な事情で恵まれずに苦しんでいる人々の姿を見るだけで、その人々の負っている痛みを自分の心の中に強く感じて自分自身の切実な痛み苦しみとし、もはやほっておけない心の状況に陥ってしまう。そこから脳内神経細胞が強く刺激されて、ボランティア活動に身を投じるようになる。人々と協力しあいながら社会問題の処理・解決に尽力することで、自分自身の人生の喜び幸福感もより大きくなり、強い思いやりの利他心も満たされる。(『マザー・テレサに導かれて　愛をつなぐ奉仕活動』参照)

思いやりの心と市民社会の連携・協力の活動

　共感力が豊かに育った若者は卒業した後も、社会の発展に大きな貢献をする可能性が高くなる。地球上に頻発する様々な紛争、地球環境問題などを解決して調和のとれた平和で安定した社会を築いていくには、グローバルに多くの市民レベルでの連携・協力が不可欠になる。地球社会の深刻な問題を解決したいと強く願う共感力の高い市民は、地球規模で

お互いの痛みをよくビビッドにイメージして分かち合い、心の中で内在的に深く結びついて平和で豊かな理想社会の建設に向けた強いエネルギーを生み出していくのである。孔子は、理想社会は個々人の「仁」の習得を通じて建設されると述べているが、今日では多くの人々の脳内の豊かな共感力が理想社会建設のもっとも重要な起動力になる。

4節　良い交友関係　～孔子の「交友１０原則」

　　チーム仲間との交流の仕方は、学習活動における良いチームワークを高く保つためにきわめて重要な課題になる。その秘訣は、孔子の言葉から整理すると、行動における「礼」と、ハートワーク、すなわち、正しいセルフコントロール、慎み、誠実、さらに思いやりの心をお互いに大切にすることにある。どうしてこのような良い交流をしていくのかを具体的に知るために、論語の言葉を整理して「交友１０原則」としてまとめた。章句の内容をじっくり読むだけで十分その意味が理解できるであろう。

（ⅰ）仲間内で徒党を組んで群れるようなことはしない。

① 子曰く、君子は和して同ぜず。小人は同じて和せず。(子路13－23、井波393)
「先生は言われた。君子は人と調和するが、みだりに同調しない。小人はみだりに同調するが、調和しない」

② 子曰く、君子は矜にして争わず。群して党せず。
　(衛励公15－22、井波470)
「先生は言われた。君子は厳然と己を持すが、他人と争わない。他人となごやかに共存するが、徒党はくまない」

③子曰く、群居終日、言は義に及ばず、好んで小慧を行う、難い哉。
　(衛霊公15－17、井波466)
「先生は言われた。一日中、大勢でいっしょにいながら、まともなことを話題にのせず、小利口なことばかり言いたがる。これでは、どうにもならないな」

〈解説〉
①「和」とは、自分の考えや意見をしっかり持ち、他人の意見を尊重しながら相手との調和を求め、心から打ちとけて友になること。「同」とは、自分自身の考えも特になく、相手の顔色ばかりを伺って相手の意見や考えにすぐ同調することであり、うわべだけの交友のやり方である。
②③自分をしっかり保持しながら相手とはなごやかに共存して争わず、徒党を組まず、また、大して意味もないことを一日中喋りながら大勢で屯するようなことはしない。

（ⅱ）仲間内でも節度ある礼儀正しい付き合いを大切にする。

① 子曰く、君子は周して比せず。小人は比して周せず。　（為政2−14、井波36）
「先生は言われた。君子は誠実さと節度をもって人と交わるが、馴れ親しむことはない。小人はひたすらべったりと馴れ親しむが、そこに誠実さと節度がない」
② 子游曰わく、君に事えて数しばすれば、斯に辱められる。朋友に数しばすれば、斯に疏んぜられる。(里仁4−26、井波104)
「君に仕えてあまりしつこいと、かえって軽んじられる。朋友に交わってあまりしつこいと、かえって嫌われる」　（山本221）

〈解説〉
①親しい仲間の間でも節度を持って誠実に交わり、②相手が誰であれ、お互いにあまりしつこく交わろうとするようなことは避ける。

（ⅲ）お互いにいつまでも尊敬の念を持ち続ける。

① 子曰く、晏平仲は善く人と交わる。久しくして之れを敬す。(公冶長5−17、井波125)
「先生が言われた。晏平仲は立派な人と交際され、古なじみになっても（変わりなく）相手を尊敬された」(金谷95)

（ⅳ）腰の低い、威張らない、怒らない付き合いをする。単なる世渡り上手になるな。また、どんなに激しく議論しても、感情的になって相手を激しく非難するようなことはしない。

① 曾子曰く、能を以て不能に問い、多きを以て寡なきに問い、有れども無きが若く、実つれども虚しきが若く、犯されても校いず。昔者　吾が友、嘗て斯に従事せり。（泰伯8-5、井波220）
「曾子が言った。自分は才能があるのに、才能のない者に質問し、自分が豊かな知識があるのに、知識の乏しい者に質問し、持っているのに、持っていないようにし、充実しているのに、からっぽのようにし、喧嘩を仕掛けられても手向かわない。昔、私の友だちはそんなふうに行動していたものだ」

② 顔回なる者あり、学を好む。怒りを遷さず。過ちを弐びせず。（雍也6-3、井波141）
「顔回という者がおりました。学問好きで、怒りに駆られず、同じ過ちを繰り返す事はありませんでした」

③ 子曰く、躬自ら厚くして、薄く人を責むれば、則ち怨みに遠ざかる。（衛霊公15-15、井波465）
「先生は言われた。自分自身を厳しく責め、他人をあまりきびしく責めなければ怨みをうけないですむ」

④ 子曰く、卿原は徳の賊也。（陽貨17-13、井波525）
「先生は言われた。俗受けするエセ君子は徳義の泥棒である」
注：卿原とは、誰にでも調子を合わせて自分だけいい子になる世渡り上手な人間のこと

〈解説〉
①②③では、相手にどのようにされようと怒りや激しい口論など感情の暴発にかられないようにと、セルフコントロールの大切さが特に強調されている。④だからといって、ただうわべの紳士づらを飾り、常に相手に調子を合わせるだけのお調子者になっても困る。

（ⅴ）相手の情動の機微を敏感に慮り、相手が嫌な顔をすれば黙っている。

①子貢　友を問う。子曰く、忠もて告げて善もて之れを導びく。不可なれば則ち止む。自ら辱めらるること無かれ。（顔淵12-23、井波365）
「子貢が友情についてたずねた。先生は言われた。誠心誠意、まごころを尽くして説き、善なる方向に導く。それで聞き入れられなければ止め、嫌な目にあわないようにすることだね」

②夫れ達なる者は、質直にして義を好み、言を察して色を観、慮って以て人に下る。（顔淵12-20、井波360）
「そもそも「達」とは、素朴で正義を好み、人の言うことをよく聞いて、相手の感情をよみとり、深く考えて人にへりくだる」

〈解説〉
①②誠実に真心を込めて相手を説き、相手の感情の機微をよく読み取りながら自分でよく考えてへりくだった付き合いをする。せっかく真面目に良い忠告をしても聞き入れられなければ、嫌な思いをするだけだから黙っている。

（ⅵ）どんなにうわべの言葉・表情・態度が良くても、真心のこもっていない付き合いは避ける。

①　子曰く、巧言・冷色・足恭、左丘明之れを恥ず。丘も亦た之れを恥ず。怨みを匿して其の人を友とす、左丘明之れを恥ず。丘も亦た之れを恥ず。（公冶長5-25、井波134）
「先生は言われた。巧妙な言葉づかい、とりつくろった表情、過度のうやうやしさを、左丘明は恥ずべきことだとした。私もこれを恥ずべきことだと思う。怨みを秘めかくしながら、その人と友だちづきあいをすることを、左丘明は恥ずべきことだとした。私もこれを恥ずべきことだと思う」

（vii）常に我が身を省みて、相手との約束を守り、信頼関係を大切にする。

① 曾子曰く、吾れ日に三たび吾が身を省りみる。人の為に謀りて忠ならざるか。朋友と交わりて信ならざるか。習わざるを伝うるか。（学而1-4、井波5）
「曾子は言った。私は毎日、三つの事について反省する。他者の相談に乗りながら、まごころを尽くさなかったのではないか。友人との交際で、信義を守らなかったのではないか、よく理解していないことを、後輩に伝授したのではないか」
〈解説〉
①友人との付き合いについて常に、誠実だったか、信頼を守ったか、正しい情報を教えたかなど、自分の態度や振る舞いを振り返りながら交友のあり方を反省する。

（viii）交友は社会的に善良なることをするための付き合いにする。

① 子曰く、君子は人の美を成し、人の悪を成さず。小人は是れに反す。（顔淵12-16、井波356）
「先生は言われた。君子は他人が善いことをするのは助けるが、悪いことをするのは助けない。小人はその反対である」
② 曾子曰く、君子は文を以て友を会し、友を以て仁を輔く。（顔淵12-24、井波366）
「曾子は言った。君子は文化的教養によって友人を集め、友人をもって大いなる徳義向上の輔とする」
〈解説〉
①②本当の良い交友は、友が少しでも良いことができるように助力することであり、また良い友と交わることでお互いに人間的に豊かに成長できることを第一に考える。

（ix）正しくないことをしている品性下劣な人には、厳しい態度で接する。

① 子曰く、惟だ仁者のみ、能く人を好み、能く人を悪む（里仁4-3、

126

「先生は言われた。仁徳を体得した人だけが、真に人を好み、人を憎むことができる」

〈解説〉

①人間に対して誠実な思いやりを持つ人は、心から人を愛することができるが、同時に、自然な感情の露出としてそうでない人を憎むこともある。

（X）臨機応変に柔軟で弾力的な措置ができる友を大切にする。

① 子曰く、与に共に学ぶ可し。未だ与に道に適く可からず。与に道に適く可し。未だ与に立つ可からず。与に立つ可し。未だ与に権る可からず。（子罕9-31、井波269）

「先生は言われた。ともに学問することはできても、同じ道を行くことができるとは限らない。同じ道を行くことができても、ともに毅然として立つことができるとは限らない。ともに毅然として立つことができても、ともに臨機応変の措置ができるとは限らない」

〈解説〉

①当初の志や思いを忘れずに毅然として進むにしても、置かれた状況により臨機応変の措置ができるような柔軟な心を持った友達はなかなかいないものだ。

6章

フットワーク　～礼節にかなった行動・振る舞い

　DA ラーニングでは、教室での学習だけでなく、自ら現実の社会の現場に出て現状をよく観察し、その上にたって現実的な意味のある問題解決策を模索していかなければならない。実践的な学習活動では、チームとして調査を進める上で、どうしても必要になればすぐに現場に出て関係者にいろいろ伺うという、敏捷な行動力のフットワークが重要な資質になる。実践の行動が伴わなければ、どんな素晴らしい計画も絵に描いた餅に終わるからである。

　学生チームは事前に「研究計画書」と「作業工程表」を教師と一緒に十分よく練って文章化し、長期にわたる学習活動の中で、貴重な作業手引きとして有効に活用している。もともとこれらの計画書は、作成の段階で教師とよく話し合いながら学生の今後の意向を明確に決めて書き込んだものであり、学生は明文化された約束の履行を自分たちが怠けて簡単に反故にするわけにはいかない。それほど学生の言行一致の行動は、DA ラーニングで重要視されるものである。

　また学生チームは、単に予定に従って敏捷に動くということだけでなく、調査活動に協力・支援してくれる社会の人々に対して、行き過ぎた言動で礼儀を失し、不快な気持ちを抱かせることがないように、特に言葉や態度・振る舞いに常時気をつけていなければならない。行動に当たっては、常に態度だけでなくその言葉についても、優れた社会的マナー・礼節が求められる。うわべだけの真情の欠けた言葉使いには特に気をつけて避けるべきである。そのために事前の社会的なマナーの研修が重要になる。

1節　「礼節」と「行動」

1　礼節にかなった行動・振る舞い

（1）基本的な礼節

① 子張、行われんことを問う。子曰く、言　忠信、行　篤敬なれば、蛮貊の邦と雖ども行なわれん。（衛霊公15−6、井波457）

「子張が　思うとおりに行なわれるには、どうしたらよいか　とたずねた。孔子は言った。言忠信、行篤敬、すなわち、言葉に誠意があって信用でき、行が誠実で鄭重ならば、世界中どこでも、未開の国でも通用する」（山本266）

② 君子の道に貴ぶ所の者は三。容貌を動かせば、斯に暴慢に遠ざかる。顔色を正せば、斯に信に近づく。辞気を出だせば、斯に鄙倍を遠ざく。（泰伯8−4、井波218）

「君子が礼の道において、尊重すべきことが三つあります。第一に、立ち居振る舞いに気をつければ、他人の暴力や侮りから遠ざかることができます。第二に、顔の表情を正しくおごそかにすれば、人からだまされないという状態に近づくことができます。第三に、言葉づかいに気をつければ、他人の下品で道理に合わない言葉が耳に入らなくなります」

③ 亡くして有りと為し、虚しくして盈てりと為し、約しくして泰かなりと為す。恒有るに難し。（述而7−25、井波199）

「（見栄をはって）もっていないのに、もっているふりをしたり、からっぽなのに、満ちあふれているふりをしたり、乏しいのに豊富なふりをしたりして、言動に基準があり揺れがないというのは、難しいのだから」

〈解説〉
①「言忠信、行篤敬」、誠意のある信頼できる言葉遣いと誠実で鄭重な行動を大切にする。これは世界中どこの国でも通用するものである。②は、弟子の曾子が臨終に言い残した言葉であるが、他人から嫌な目にあわないためには、立ち居振る舞い、顔の表情、言葉遣いに気をつけることが大事である。③言動には、常に一定の安定した基準を持つべきであり、見栄を張り、自分を大きく見せようとして、ぶれるようなことがな

いように気をつける。

　DA ラーニングにおいては、学習活動の重要な一環として実社会における実践的な行動を取り入れているが、その行動においては、礼節を重んじた慎重な配慮が不可欠である。ただ単に活動の場を実社会に広げるというのではなく、その中で言葉遣いに注意し、誠実でマナーの良い振る舞いや表情をするなど、人間としての基本的な礼節に十分気をつけて行動することが重要な学習目標になる。優れたフットワークの行動力には、優れた礼節が伴っていなければならない。実践的な学習では、実社会における行動を通じて基本的な礼節を具体的に学ぶ絶好の機会が与えられている。
　論語は、人間の行動・振る舞いに関して厳しい注意を促している。立ち居振る舞い、顔の表情、言葉遣い、すべてにおいて細かく配慮し注意しておれば、社会に出ても他人から嫌な目にあうことはない。しっかりした社会的マナーを習得した上での行動であれば、どこの社会でも通用するものである。逆に、社会的マナーを習得していない学生は、社会における学習活動の現場に行っても人々から大切に扱われることがなく、その結果、必要な情報の収集も困難になる。DA ラーニングでは、単に知識を習得することだけでなく、社会的な礼を学ぶことが重要な学習活動になる。
　孔子は、日常生活では、学問よりもまず礼節の重要性を強調しており、勉強ができても礼節を十分心得て行動しない者は、野暮な自然人と酷評している。「和」と「礼」との調和が非常に重要であり、どんな地位の人であれ、礼節を大切にした交流を通じてはじめて多くの人々と仲良く交わることができる。DA ラーニングにおいても、大切な人脈作りにはまず礼節のある行動によって多くの人々からの信頼を築いていかなければならない。

（2）礼節の重要性

① 子曰く、恭にして礼なければ則ち労す。慎にして礼なければ則ち葸す。勇にして礼なければ則ち乱る。直にして礼なければ則ち絞す。
（泰伯8-2、井波215）
「人に対してうやうやしくても、礼によらなければ骨が折れる。慎重にしても礼

130

によらなければ、いたずらにびくびくしていじける。事をなすにあたり勇気があるのはよいが、礼によらなければ乱暴になる。正直は善徳であるが、礼によらずあくまで正直にやり通すときには、他人の小過失も許せず窮屈になってしまう」（渋沢219）

② 子曰く、知 之れに及べども、仁 之れを守る能わざれば、之れを得ると雖も、必ず之れを失う。知 之れに及び、仁 能く之れを守れども、壮 以て之れに涖まざれば、則ち民 敬せず。知 之れに及び、仁 能く之れを守り、壮 以て之れに涖めども、之れを動かすに礼を以てせざれば、未だ善からざる也。（衛霊公15−33、井波478）

「先生は言われた。知性によってその地位に到達しても、仁によってその地位を保持することができなければ、地位を得たとしても、必ずその地位を失ってしまう。知性によってその地位に到達し、仁によってその地位を保持することができても、厳かで正しい態度によってその地位についていなければ、人民は尊敬しない。知性によってその地位に到達し、仁によってその地位を保持することができ、厳かで正しい態度によってその地位についていても、その地位によって行動するのに、礼によらなければまだ十全ではない」

③ 子曰く、上 礼を好めば、則ち民、使い易き也。（憲問14−42、井波446）

「先生は言われた。上位者が礼を好めば、人民は使いやすくなる」

④ 上 礼を好めば、則ち民 敢えて敬せざる莫し。上 義を好めば、則ち民 敢えて服さざる莫し。上 信を好めば、則ち民 敢えて情を用いざる莫し。（子路13−4、井波373）

「上の者が礼を好めば、民衆はみな敬愛するようになるし、上の者が正しさを好めば、民衆はみな従うようになり、上の者が誠実さを好めば、民衆はみな誠実な心をはたらかせるようになる」

〈解説〉
①②どんなに徳のある良い行いを実践しようとしても、社会的規範である礼に沿った行動を取らないと、なかなかその良さが理解されずにうまくいかない。正しいやり方でその地位について何かをしようとしても、礼によらなければなかなか思うようにはできない。③④上の者が礼を大切にすれば、下の者は敬愛してそれに従うようになるからである。さらに、上の者が好んで誠実な行動をとれば、下の者もそれに反応して誠実な心を働かせるものである。

131

（3）「礼」と「和」の調和

① 有子日く、礼の和を用て貴しと為すは、先王の道も斯を美と為す。小大之れに由れば、行われざる所有り。和を知って和すれども、礼を以て之を節せざれば、亦た行う可からず也。(学而1-12、井波14)
「有子は言った。礼が調和を尊重することについては、先王のやり方もこの点ですばらしかった。(しかし)何もかも調和によると、うまくゆかないところが出てくる。調和のよさを認識して調和するとしても、礼の法則性によって節制しないと、やはりうまくゆかなくなる」

〈解説〉
①は、すでに前章末尾で解説した章句であるが、ここで再度取り上げる。有名な言葉「礼の和を用て貴しと為す」と言われているが、チームの調和を重視する「和」だけでは不十分であり、メンバー個々には社会的な儀礼に適ったそれぞれの自主的な行動も強く求められており、「和」と「礼」との良いバランスが必要になる。

（4）礼節の内容

① 子日く、君子は博く文を学びて、之れを約するに礼を以てすれば、亦た以て畔かざる可し。(庸也6-27、井波168)
「先生は言われた。君子はひろく文化的教養を身につけ、これを礼によって凝縮し表現したならば、道からはずれることはないだろう」
② 子日く、弟子　入りては則ち孝、出でては則ち弟、謹みて信、汎く衆を愛して仁に親しみ、行いて余力有れば、則ち以て文を学べ。(学而1-6、井波7)
「先生は言われた。若い諸君よ、家の中では父母に孝行を尽くし、家の外では年長者に従い、言動には気をつけて誠実に実行し、広く大衆の人々と交際して、人格者に親しむように。そういうふうに実践して、余力があれば、書物を読みなさい」

〈解説〉
①では、文化的な教養を身につけて行動する時には、絶えず礼をもって
すれば間違えることはないと、「教養」と「礼」との密接な関係の重要
性を指摘している。②では、日常生活の中で父母や年長者に対して礼節
ある行動をとり、人格者に親しむようにと諭している。これが第一に考
えるべきことであり、読書はその後にすれば良い。日頃の基本的な礼節
の実践は、物事を学ぶ学習よりも重視されている。

（5）うわべだけの礼節

① 子曰く、人にして仁ならずんば、礼を如何。（八佾3-3、井波51）
「先生は言われた。人間として誠実な思いやりや愛情を持たないならば、礼を学
んだとて何になろう」
② 子曰く、上に居て寛ならず、礼を為して敬せず、喪に臨んで哀しまず
んば、吾れ何を以てか之れを観んや。（八佾3-26、井波78）
「先生は言われた。上位にいながら寛容でない者、礼の身ぶりをしながら敬意を
もたない者、葬儀に臨席しながら哀悼をしない者を、私は見るに耐えない」

〈解説〉
①②礼が重要といっても、相手に対する心のこもっていない、うわべだ
けの礼節の行動は、あまり意味のないものと考えられている。

　「礼節」の格好をつけるだけの行動は、かえって相手の不信感を招
き、心を傷つけるものである。基本的には相手の方に対するリスペクト
の気持ちが不可欠であり、その念が強くなると、自然に我が身を振り返
り礼儀正しい言動をとるようになる。DA ラーニングで社会人の方々へ
面会を申し込む場合には、学生は事前の準備に十分時間を使って、お会
いする相手の方のことをできるだけ詳しく調べてよく知り、相手の方の
これこれの内容の知識や経験をチームの研究活動に有効に活用させてい
ただきたいので、是非お会いしてお話を伺うことができませんか、と謙
虚な気持ちで先方にアクセスすべきである。相手へのリスペクトそのも
のがここでは重要な社会的礼節になる。

（6）正しい礼儀作法の例

① 郷人の飲酒には、杖つく者出づれば、斯に出づ。（郷党10—12、井波285）
「村の人々が宴会を催したとき、杖をついた老人が退出してから、（孔子は）はじめて退出した」
② 人を他邦に問えば、再拝して之れを送る。（郷党10—14、井波286）
「他国の友人のもとに使者を派遣するとき、（孔子は）二度、地面に跪いて丁寧に拝礼し、使者を見送った」

〈解説〉
①②は、当時の老人への労りの行儀作法と見送りの礼儀作法を示している。他国にいる友人に敬意を表するには、その使者に拝礼することが不可欠なマナーである。

　具体的な礼儀作法として、老人への礼儀と歓送の場における行儀作法があげられている。これは当時の社会における基本的なマナーで、必ずしも今の社会でこのまま通用するものとは言えない。しかし、礼の根本には、他人を心から尊重するという真面目で誠実な心があって、それが礼節ある行動となって自然に表れ、社会的に見ても意味のある重要な振る舞いになる。目上の人に対しては、常に相手を尊重する態度で接していくことが、礼節ある行動として求められている。

2　礼節の修得

　DA ラーニングの学習過程の全ての行動において礼節をよく守っていくには、礼節ある行動の重要性を十分認識し、社会的な礼節に関する基本的な知識を十分習得していかなければならない。孔子が一番強調していることは、どんなに良い学問をしても、どんなにおもいやり「恕」の想い溢れた行動をしても、どんなに勇気ある行動をとっても、その過程でそれに相応しい礼節とかけ離れた振る舞いをすると、せっかくの良い行動が本来の意味をなさなくなり、野暮な自然人として他人から蔑まれてしまうことである。社会活動としてのいろいろな行動において、社会的に決められた「礼」の重要性をしっかり認識して実践していかなけれ

ばならない。

　人間の日々の多様な行動においてそれぞれに必要な正しい礼節については、先生や先輩について学んでおかなければならない。どのような振る舞いが礼節にかなったものであるか、十分よく知っていないと正しい礼節ある行動ができずに、絶えず礼儀知らずと誹られるのではないかと不安な気持ちになる。基本的な礼節の内容については、実地の研修などを通じて十分な知識情報を脳内に蓄積していくことが求められる。

　礼節に関する豊富な知識が記憶されると、実際の社会の場においてどのように振る舞うことが正しい礼節ある行動になるのか、置かれた環境における的確な状況判断の力を鍛えていかなければならない。日頃から社会活動のいろいろな機会で、礼節の重要性を強く意識しながら、その場その場ではどのように正しい礼節ある行動をすべきか、実地の判断力を磨いて場に望ましい行動を選択するように努力する。何度も経験を積まないとこのような判断と選択は難しいが、先輩などの指導を受けていろいろな場において礼節ある行動のあり方を考え実践していくことで、礼節に関するスキルの習得が大きく進んでいくと思われる。

　多様な人々と面会する DA ラーニングは、学生時代からこのような実地経験を積むことのできる貴重な機会である。社会に出て場数を多く踏むことで、自然に習慣としてその場その場に相応しい礼節ある行動をとることに慣れてくる。そこから社会の中でどのような場面や環境に直面しても、堂々とした自信のある立ち居振る舞いをすることができるようになる。

外部調査に求められる社会的基本マナーの事前研修

　ヒアリング調査などでは、しばしば社会的に地位の高い人々や有力な組織・機関の責任者などにお会いすることがあり、そのために学生たちにはその言動において適切な社会的マナーに適った振る舞いが強く要求されている。日頃の言動からマナーに特に気をつけることが不可欠であるが、社会の目上の方にお会いする機会の少ない若者にとっては、人と接する社会的マナーに関する具体的な知識や経験が乏しく、机上の勉強だけではなかなか習得するのが難しい。

　実際に社会調査に出て行動する時には、常時自分たちの行動を振り返り十分礼節のあるものであったかどうか、チェックしていくことが大切である。その反省点を次の外部調査の機会に生かして、少しでも正しい礼節を身につけるように努力を積み重ねていく。その結果、いろいろな

場面で自分たちの取る社会的行動が自然に礼節のある正しいものになれば、日常行動のよい習慣が形成されてくる。こうして正しい礼節を身につけることで社会的な信用がより大きくなる。

　海外調査旅行の基本的なマナーに関しては、関係分野の外部の研究者やゼミの先輩、さらに可能ならば多様な現地サポーター・協力者から事前に様々な注意を受けることが不可欠である。海外の現地事情に詳しい方々による学生指導は非常に貴重なものであり、現地の社会事情に則して具体的な指導をしてくれる。

3　時間管理の重要性

① 君 命じて召せば、駕を俟たずして行く。(郷党 10 - 21、291)
「君主からお召があると、馬車の用意のできないうちに、すぐに外へ歩き出した」

〈解説〉
①孔子は、時間を守ることを第一に考えて、車の準備をする間も待たずにすぐに家を出発した。別にせっかちだからではなく、時間を守ることに精一杯の誠意を尽くそうという態度である。

　社会に出て行うチームの行動では、面会者とのアポイントメントをとることが極めて重要な仕事になる。礼節のある行動という面から、多忙な人々との時間調整では、相手の都合に最大限の配慮をし、できるだけご迷惑をかけることなどが少ないように気をつけるべきである。自分たちの学習活動に協力していただいているという、相手への強い感謝の想いをしっかり持って、先方の空き時間を活用してインタビューなど行うように、礼節ある行動に心がける。常に時間的余裕を持って行動し、外部の方とのアポイントメントの時間に遅れて到着するという失礼のないようにすべきである。いろんな行動において常に正しい礼節に気をつける、という日常的なよい習慣を身につけると、就職活動をはじめ社会人としての行動においても、他の人々からそれだけ評価され、信頼されるようになる。
　チームの学習活動全体についても、「作業工程表」にしたがって常にチームの作業の時間管理をチェックしていくべきである。予定通り進む

場合には問題はないが、実際に予定が狂う場合がしばしばあり、柔軟な時間調整の作業に追われる。DA ラーニングでは、しばしば最終的に学習成果の発表会があり、チーム論文の最終完成の時期が初めから決められている。そのために、そのデッドラインの時まで常に「作業工程表」のスケジュールの弾力的な時間調整を行わなければならない。これはチームリーダーの重要な責任である。予定より大幅に時間の遅れが生じているチームでは、それを取り戻すために全員で話し合いながら頑張っているが、最後にはかなりハードな忙しい作業に追い込まれている。したがって、調査作業の困難を事前に配慮してできるだけ余裕のある時間管理が非常に重要になる。

2節　行動に伴うリスクとその管理

1　行動に伴う苦労の覚悟と低めの目標設定

① *仁者は先ず難んで後に獲。仁と謂う可し。（雍也6-22、井波162）*
「仁徳をそなえた人はまずいろいろ苦労をしたあげく、目的に達する。これが仁だ」

〈解説〉
①実際の行動には大変な苦労が伴うもので、初めからそれを避けていては肝心な仕事は前に進まない。初めから難しいことに積極的に挑戦していくことが大切である。

　DA ラーニングでは、学習チームが意欲的な「作業工程表」を作成し、それにしたがって実際にやってみると、当初の予定通りにはなかなか進まず、しばしば難しい壁に直面して動きが取れなくなることがある。実施の過程では、当初の計画通りに物事がスムーズに進むものではない。しかし、途中の面倒な壁や危険性を避けてばかりでは、当初の目標を達成することが難しく、苦労を覚悟してチーム全員で協力して積極的に難しい作業に挑戦していくべきである。
　当初の計画そのものがあまりにも野心的な目標設定である場合には、

137

目標達成のための作業の労力が時間内では足りなくなることがある。目標設定は、それ自身チームのやる気を刺激する大きな役割を持っているが、大言壮語して常に過大な目標を設定すると、チームの現実の活動がどうしても言葉に追いついていかない状況に陥る。そのために「作業工程表」では、計画の実現可能性を慎重に吟味して、少し控えめの目標を設定することも重要になる。十分達成可能な目標を設定すると、それだけ達成不可のリスクが軽減され、チームは安心して腰を据えてじっくり活動を続けることができる。

2　暴走の戒め

① 子曰く、暴虎馮河（ぼうこひょうが）、死して悔いなき者は、吾れ与（とも）にせざる也。必ずや事に臨んで懼れ、謀（はかりごと）を好んで成る者也。（述而 7 - 10、井波 182）
「先生がいわれた、虎に素手で立ち向かったり河を歩いて渡ったりして、死んでもかまわないというような（無鉄砲な）男とは、わたしはいっしょにやらないよ。どうしてもというなら、事にあたって慎重で、よく計画をねって成しとげるような人物とだね」（金谷 132）

〈解説〉
①用心深くて知恵があって、周到な計画のもとに確信を持って仕事をやり遂げる人が欲しい。

　チームの学習は、事前に十分よく考えて「研究計画表」と「作業工程表」を作成し、マイルストーン戦略にしたがって途中で実施状況を振り返りチェックしながら進んでいく。現実の社会には様々な危険性があり、明らかに大きな危険性を伴うような現地調査活動は、極力避けるべきである。「作業工程表」において、個々の作業の実現可能性を十分検討すると同時に、どのような危険性がその行動に伴っているか、担当教師も含めて具体的に想定しながら事前の慎重な配慮が求められる。もし危険性の高い作業ならば、どんなに望ましいものであってもここでは行わないようにする。学生の公的な活動では、事故発生に対して指導者の厳しい責任が問われるからである。
　ただ、実際に社会の現場に出ると、学生の学習活動でも事前に想定できない様々なリスクを負っている。当初予定した活動が現地における諸

般の事情から実現不可能になることがしばしばある。先方の事情によることもあり、自分たちでコントロールできない状況に追い込まれることもある。その時、柔軟なリスク管理が必要になる。

3　冷静に臨機応変の対応

① 子曰く、君子固より窮す。小人窮すれば、斯に濫す。（衛霊公15-2、井波453）
「先生は言われた。君子もむろん困窮することがある。小人は困窮すると自暴自棄になるものだ（君子はそんなことはない）」
② 子曰く、与に共に学ぶ可し。未だ与に道に適く可からず。与に道を適く可し。未だ与に立つ可からず。与に立つ可し。未だ与に権る可からず。（子罕9-31、井波269）
「先生は言われた。ともに学問することはできても、同じ道を行くことができるとは限らない。同じ道を行くことができても、ともに毅然として立つことができるとは限らない。ともに毅然として立つことができても、ともに臨機応変の措置ができるとは限らない」

〈解説〉
①は、優れた人はどのようなことがあっても冷静で乱れない。②では、当初の自分の思いを忘れずに毅然として臨機応変の対応をしていくことの重要性を諭している。

　DA ラーニングでは、学習活動に伴って生じるリスクを最小限に抑えておかなければならない。学習活動の実施そのものの挫折や予定の変更に追い込まれるなどの危険性だけでなく、特に海外では、病気、盗難、事故などいろいろなリスクがある。チームみんなの共同責任でできるだけこのようなリスクを避けるような事前の十分な配慮が求められる。
　担当教師は、海外調査に出かける学生たちに対して、社会的マナーの一環として危機管理に関する事前教育を徹底的に行う。海外事情に詳しい専門家に依頼して海外旅行中の安全保持に関して詳しい説明を伺う。学生は、数々のアドバイスを土台にしてチームの海外調査に伴って予想される危機と安全策について十分話し合い確認しておく。その中で予期せぬ危機に対する心構えと臨機応変な対処方法のスキルを習得する。

3節　行動の反省と修正

　DA ラーニングでは、実践的な行動に積極的に挑戦することが常に求められているが、同時にその行動について時々振り返ってはよく自省することも不可欠である。繰り返し自分の行動を振り返り、その上に立って必要な反省を行い、修正していくことが本当の DA ラーニングのやり方である。必要に応じて振り返りの作業がなければ、万一誤って道から外れた場合にも正しい道へ戻ることができなくなる。実践的な学習活動では、絶えず振り返り作業を繰り返す、という心の余裕のある振り返り習慣の形成が求められている。

　DA ラーニングで求められる振り返りには、主に「作業工程表」をベースにして、これまでの活動が順調に進んでいるのか、そうでない場合にはどこがどのように遅れているのか、あるいは何が不足しているのか、などをチェックしながら今までの学習活動に関する途中の経過的な評価を行う。その評価に基づいてよく考え、必要ならば次のステージにおける学習活動の進め方を修正していく。

　論語で言われている振り返り・反省の内容は、学問の習得に関することだけでなく、自分の生活習慣のあり方全般にわたるものである。DAラーニングでも、日常的にチームの仲間などと親しく交流しており、調査活動の中でも年長者の方々や先生と接触して指導を受ける機会が多くある。その場における自分の行動が果たして適切であったか、どこで未熟で不適切なところが出てしまったのか、などを振り返り、時には直接世話になっている先生やファシリエーターに問題点を指摘してもらう。そこから自己反省の道が開かれてくる。

1　行動の振り返り

① 曾子曰く、吾れ日に三たび吾が身を省る。人の為に謀りて忠ならざるか、朋友と交わりて信ならざるか、習わざるを伝うるか。(学而 1-4、井波5)

「曾子は言った。私は毎日、三つの事について反省する。他者の相談に乗りながら、まごころを尽くさなかったのではないか。友人との交際で、信義を守らなか

ったのではないか、よく理解していないことを、後輩に伝授したのではないか」

② 子の日わく、徳の脩まらざる、学の講ぜざる、義を聞きて徒る能わざる、不善の改むる能わざる、是れ吾が憂いなり。（述而7－3、井波176）
「先生がいわれた、道徳を修めないこと、学問を習わないこと、正義を聞きながらついてゆけないこと、善くないのに改められないこと、これがわたしの心配ごとである」（金谷128）

③ 有道に就きて正す。（学而1－14、井波16）
「道義を体得した人について批判を乞う。」

〈解説〉
①では、他者、友人、後輩や弟子に対する自分の行動について振り返り、それぞれに誠実であったか絶えず反省する。②では、孔子の抱える不安な心配ごとであるが、道徳を修めない、学問が十分でない、正義の実践をまだ十分できていない、まだ改善の余地があるのに残している、などの点が心配で振り返る。非常に謙虚な孔子の反省の言葉である。③では、常に自分の取った言動に対して優れた人格者から批判指導を受けて自分を振り返る。

2　失敗の修正

① 子日く、已んぬるかな。吾れ未だ能く其の過ちを見て、而も内に自ら訴むる者を見ざる也。（公冶長5－27、井波137）
「先生は言われた。もうおしまいだ。私はこれまで自分の過ちに気がつき、心のうちで、自分を責めることのできる人間を、見たこともない」

② 過てば則ち改むるに憚ること勿れ。（学而1－8、井波9）＆（子罕9－25、井波263）
「過ちを犯したならば、ためらわずに改めよ」

③ 子日く、過って改めざる、是れを過ちと謂う。（衛霊公15－30、井波476）
「先生は言われた、過ちをおかしながら改めないこと、これを過ちと言うのだ」

④ 子日く、法語の言は、能く従う無からんや。之れを改むるを貴しと為す。巽與の言は、能く説ぶ無からんや。之れを繹ぬるを貴しと為

す。説んで繹ねず、従いて改めざれば、吾れ之れを如何ともする末きのみ。(子罕9－24、井波262)
「先生は言われた。厳かな教訓の言葉は、従わないではいられない。(しかし、その言葉によって)自分の行いを改めることが大事だ。穏やかで、ものやわらかな言葉は、うれしい気分にならずにはいられない。(しかし)じっくりとその意味を考えることが大事だ。うれしがってじっくり意味を考えず、従わねばと思うだけで、自分の行いを改めない者は、私も処置なしだ」

⑤ 子路聞くこと有りて、未だ之れを行うこと能わざれば、唯だ聞くこと有るを恐る。(公冶長5－14、井波121)
「子路は、先生から何か教えを聞き、まだそれが実行できないうちに、次の教えを聞くことをひたすらこわがった」

⑥ 子夏曰く、小人の過つや、必ず文る。(子帳19－8、井波563)
「子夏は言った。小人は過ちを犯すと、必ず美辞麗句を操ってごまかそうとする」

〈解説〉
①常に自分を振り返り自責の念で過ちを反省するような人はあまりいない。②③は、同じ趣旨で言われており、自分の行動を素直な気持ちで直視して、過ちがあればすぐに改めなさい。過ってもいい、その過ちを改めないのが本当の過ちである。柔軟に自分の過ちを認めて改めることが重要である。

子曰く、二三子、偃の言 是也。前言は之れに戯むるるのみ。(陽貨17－4、井波513)「先生は言われた。諸君、偃(子遊)の言うとおりだ。さっき言ったのは冗談だよ」
孔子も、あっさり自分の失言を認めて前言を取り消している。④他人から穏やかな言葉で過ちを指摘されて嬉しがるだけで、その忠告の言葉に従おうとしないのも、また、じっくり考えもしないですぐに言われたままに従おうとする態度も良くない。自分で考えて自分の行いを改めることが肝要である。⑤忠告を受けて自分なりに十分咀嚼して吸収することに努め、それができるまでは新しい忠告を求めない。⑥言い訳ばかりしてごまかそうとする下劣な者もいる。

　現実に予期せぬ事態の変化が生じた時には、当初の予定を臨機応変に変更して新たな状況での最も適切な行動に切り変えていくことが重要で

ある。反省して過ちが分かっても、言い訳ばかりして素直に過ちを修正しようとしない、そのような硬直的な態度では、後々に大きな悔いを残す危険性がある。大切なことは、過ちをできるだけ早く素直に認め、臨機応変の適切な行動をとることである。

　DA ラーニングでは、このように振り返り反省して修正する、という行動を繰り返すことで、失敗の危険性を徐々に軽減させることができる。常に環境変化適応型の柔軟な行動を選択していくことが不可欠である。ただ、指導者から失敗を指摘されて修正を求められた時、何故にこのような失敗が生じたのか、自分自身で深く論理的に考えるのが重要である。指導された通りにそのまま修正しても、自分でその理由まで深く考えたものでないと、その貴重な失敗体験が今後に生かされることがない。それでは実地学習の意味がなくなる。

3　失敗の許容

① 子　之れを聞きて曰く、成事は説かず、遂事は諫めず、既往は咎めず。（八佾3－21、井波71）
「先生は、これを聞いて言われた。やってしまった事はあれこれ言わない。済んでしまった事は諫めない。過ぎ去った事は咎めだてしない」
② 子貢曰く、君子の過ちや日月の食の如し。過つや人皆これを見る。更むるや、人　皆これを仰ぐ。（子張19－21、井波575）
「子貢は言った。君子の過ちは、日食や月食のようなものだ。過ちを犯すと、人々はみなこれを見ている。改めると、人々はみなこれを仰ぎ見る」

〈解説〉
①孔子が弟子の間違った重大発言に対して、済んで（言って）しまったことには、諫めもないし、咎めだてすることもしないが、これからものの言い方に気をつけなさいと諭した。②過ちを起こすのはだれでも仕方ないが、その過ちを見事に修正して立ち直った人に対しては、世間は尊敬の念で仰ぎ見る。

　DA ラーニングでは、実際にやってみて壁にぶち当たって、たとえ失敗したとしても、決してそれは批判され否定されるべきものではない。

その失敗の経験は十分教育的な意味のあることである。壁に当たって深く悩み考えているプロセスで、学生の脳内の神経細胞ネットワークが十分に鍛えられ増強されているからである。次の挑戦では、考え抜いて強化拡充された神経細胞ネットワークの働きでそれだけ問題解決能力が強化拡充されている。したがって、学習活動が当初の計画通りにいかなくても、時には明らかに失敗しても、それが苦しみ耐え忍んで全力でトライしたものである限り有効かつ有意義なものであり、したがって、十分許容されるものである。

　その際、計画の柔軟な変更が認められるような学習環境が必要であり、その中でリーダーを中心にしたチームの適切な判断力が強く求められる。

7章

ご縁ネットワークと言語コミュニケーション

1節　縁の人材ネットワークの構築

1　人材ネットワークと縁の人々へのアクセス

① 子貢　仁を為すことを問う。子曰く、工は其の事を善くせんと欲すれば、必ず先ず其の器を利くす。是の邦に居るや、其の大夫の賢なる者に事え、其の士の仁なる者を友とせよ。(衛霊公15−10、井波461)
「子貢が仁徳を実践する方法をたずねた。先生は言われた。職人はいい仕事をしようと思うと、必ずまず道具を鋭利にする手入れをする。ある一国にいるときは、その国の重臣のうち賢明な者に仕え、官吏のうち仁徳のある人と友だちになりなさい」

② 孔子曰く、益者三友、損者三友あり。直きを友とし、諒を友とし、多聞を友とするは益也。便癖を友とし、善柔を友とし、便佞を友とするは、損なり。(李氏16−4、井波494)
「先生は言われた。つきあって得をする三種の友人と、つきあうと損をする三種の友人がある。正直な人を友人にし、誠実な人を友人にし、博学の人を友人にするのは、得になる。お体裁屋を友人にし、人当たりは良いが誠意のない者を友人にし、口のうまい者を友人にするのは、損になる」

③ 子曰く、悪むこと有り。人の悪を称する者を悪む。下流に居て上を訕る者を悪む。勇にして礼無き者を悪む。果敢にして窒がる者を悪む。
(陽貨17−24、井波536)
「先生は言われた。憎むことがある。人の悪いところを言い立てる者を憎む。下位にいて上位者を非難する者を憎む。勇気はあるが礼儀を知らない者を憎む。果敢だが閉鎖的な者を憎む」

〈解説〉
①は、良い情報を収集しようとすれば、よい情報ネットワークを構築しなさい。そして、優れた人々とお会いしてその人の持っている暗黙知を活用しなさい。②では、良い友、悪い友のそれぞれ3パターンを上げており、正直、誠実、博学の友は良い友、お体裁屋の友、誠意に欠ける友、口のうまい友は、悪い友である。③では、いつも他人や上司の悪口を言い立てるような者、礼儀知らずの者、閉鎖的な者などは、嫌って遠ざけること。ただ、孔子は実際には素行のよくない人も友人として迎え入れており、孔子の人間として包容力と度量の大きさが伺える。

　実社会に出て活動する DA ラーニングでは、様々な調査活動を支援してくれる外部の人々とのつながりが重要になる。できるだけ良い縁の人々につながり、より自由にアクセスすることができると、実践的な調査活動でもそれだけより大きな成果が期待できる。
　優れた人と交わることで強い影響を受け感化されると、自分もそのようになろうと努力する。良い人との交わりは自分を高めるためのよいきっかけになり、それが強い学習モチベーションにつながってくる。問題の多い人との付き合いでは、その人のひととなりをよく観察し、よくないところは、自分も知らないうちにそうなっていないか、振り返って反省する契機にしていく。若いうちには、自分の人間的成長にとって多様な人との交わりは特に重要であり、今どのような人と交友しているか常に慎重に観察してよく考え、自分をさらに成長させるための貴重な糧にすることが不可欠である。
　学校として大々的に DA ラーニングを導入しようとする場合には、外部人材を束ねた人的ネットワークを構築し整備していくことが求められる。こうした人材情報のインフラが整備されてくると、多くの学生が自分の関心にそって外部人材へのアクセスがよりやりやすくなる。また、海外など、現地で学生たちが独自に調査活動を展開する場合にも、現地の関係する様々な人材から信頼性の高い現地情報が得られるし、さらに訪問先の紹介、安全性の確保などの面で大きな支援が得られることになる。DA ラーニングでは、こうした情報インフラの学習環境を整備していくのも非常に重要な課題である。

2　縁の人々への対応　～良縁作りにはまず自分の徳義を磨く

① 人と与わるに恭しくして礼有らば、四海の内、皆な兄弟也。君子何ぞ兄弟無きを患えんや。　(顔淵12-5、井波343)
「君子たる者が慎み深く過失を犯さず、他人と丁重に正しく交わったならば、世界中の人がみな兄弟になる。君子は兄弟がないことなど気に病まないものだ」
② 徳は孤ならず。必ず鄰り有り。(里仁4-25、井波103)
「徳を体得した者は孤独ではなく、必ず隣人がいる」

〈解説〉
①②とも、良い縁に恵まれるには本人の徳義次第である。本人がよく徳義を体得した人であれば、いろいろな良い人がその人の周りに現れ、良い人と巡り合える縁の可能性が大きくなる。慎み深く過失を犯さずに丁重に友と交われば、どこででも良い友人ができる。交友に関しては5章「交友の10原則」を参照。

2節　言葉遣いと行動

1　言行一致

① 君子は言に訥にして、行に敏ならんと欲す。(里仁 4-24、井波102)
「君子は訥弁でいいが、実行は敏速でありたい」(山本217)
② 事に敏にして、言に慎む。(学而1-14、井波16)
「行動においては敏捷、発言については、慎重である」
③ 子貢　君子を問う。子曰く、まずその言を行い、而して後これに従う(為政2-13、井波35)
「子貢が君子についてたずねた。先生は言われた。まず、言わんとすることを実行し、その後で言葉が行動を追いかける人のことだ」
④ 宰予、昼に寝ぬ。子曰く、始め吾れ人に於けるや、其の言を聴きて、

其の行を信ず。今　吾れ人に於けるや、其の言を聴きて、其の行を観る。予に於いてか是れを改む。(公冶長5－10、井波117)

「宰予が昼間から奥の間に引っ込んで寝ていた。先生は言われた。私は今まで他人に対して、その言葉を聞くと、（言葉どおりと思って）その行動を信じてきた。これからは他人に対して、その言葉を聞き、その行動をよく見るようにする。宰予のことをきっかけに、このように態度を改めよう」

⑤　子曰く、古の者、言を出ださざるは、躬の逮ばざるを恥じる也。（里仁4－22、井波101）

「先生は言われた。昔の人がみだりに発言しなかったのは、自分の行動が言葉に追いつかないのを、恥ずかしいと思ったからである」

⑥　子曰く、君子は其の言いて其の行いに過ぐるを恥ず。（憲問14－28、井波431）

「先生は言われた。君子は自分の言った言葉が、その行動を超えることを恥じる」

⑦　子曰く、仁者は其の言や訒。曰く、其の言や訒、斯ち之れを仁と謂うか。子曰く、之れを為すこと難し、之れを言いて訒する無きを得んや。（顔淵12－3、井波341）

「先生は言われた。仁者とは、言葉がすらすら出ない人のことだ。（司馬牛が）言った。言葉がすらすら出なければそれで仁者といえるのですか。先生は言われた。何事も実行するのは難しい。だから、それを口にするときも、すらすら言えないではないか」

⑧　有子曰く、信　義に近づけば、言　復むべき也。（学而1－13、井波15）

「有子は言った。約束を守る誠実さが正しさに近づくと、言葉どおり実行できる」

〈解説〉

①②③では、言葉で言うよりもまず迅速な行動をすることの重要性を諭している。④⑤⑥⑦では、さらに言葉で言ったことは、その通り実行するという、言行一致の重要性を指摘している。実際は言葉通り実行するのが難しいから言葉がなかなかすらすらと出てこないものだ。あまり弁舌さわやかに喋る人はかえって他人からその言葉が信用されなくなる。ただ、孔子は文学的な比喩を使った能弁であったと言われる。⑧では、

誠実に守ろうとする約束の内容が正しいものであれば、言行一致の行動をとることができる。常に言葉の内容は正しいものでなければならない。

　論語では個人の徳として、口に出して言ったことは必ずそれを実行するという「言行一致」を強く求めている。言葉も、おおげさに飾るよりも伝えたいことを正確に伝えるようなものでなければならない。うわべの言葉だけに終わり真実味のないような人は、しばしば蔑視されるものである。
　DA ラーニングで、外部での実地調査活動は学生にとって初めて経験であり、事前に先輩や先生から今までの調査活動に関する詳しい話を伺っていても、実感としてなかなか現場での活動の難しさや大変さを理解することができない。そのために研究計画の作成段階では、若者らしい強い意欲に駆られて、しばしば非常に難しく大胆な作業目標と作業内容を計画する傾向がある。このような過大な目標の実施計画のもとでは、しばしば厳しい壁に遭遇するとこのまま作業を継続するのは厳しいと考えて不安になり、気力も萎えて挫折する危険性が大きくなる。
　教師としては、学生のやりたいという強い希望を精一杯に尊重しながらも、その実現可能性についてしばしば危惧して、時には学生の熱い学習意欲の熱を冷ますような慎重な判断と指導をしなければならないことがある。
　このような言行不一致は、ある意味で学習意欲に燃えた未経験者にとって仕方のない面もあるが、常にチームの力量を考えて、実行可能性のある目標と内容にするように配慮すべきである。

2　過剰な言葉の戒め

① 子曰く、辞は達するのみ。（衛霊公 15−41、井波 484）
「先生は言われた。言葉は意味が通じれば、それでよい」
② 人を禦ぐに口給を以てせば、屢しば人に憎まる。其の仁を知らず。焉くんぞ佞を用いん。（公冶長 5−5、井波 110）
「人に対応するとき、べらべらと口達者だと、しばしば憎まれる。雍が誠実でりっぱかどうかはわからないが、どうして弁が立つ必要があろうか」

③ 子日く、巧言は徳を乱る。(衛霊公15−27、井波474)
「先生は言われた。言葉上手は徳を害する」(金谷317)
④ 子日く、巧言・令色・足恭、左丘明 此れを恥ず。丘も亦た之れを恥ず。(公冶長5−25、井波134)
「先生は言われた。巧妙な言葉づかい、とりつくろった表情、過度のうやうやしさを左丘明は恥ずべきことだとした。私もこれを恥ずべきことだと思う」

〈解説〉
①では、言葉は装飾的な表現よりも本来の意味がよく相手に通じることが重要である。これは外交的な文書について言われたものであり、自己の主張をはっきりと打ち出すべきあるとされている。②③④では、上滑りで巧妙で真実味のない言葉を使うことは、徳を害することで恥ずべきであり、相手から憎まれるだけである。④では、同じ意味で、巧言令色、鮮し仁(学而1−3、井波4)「巧妙な言葉遣い、取りつくろった表情の人間は真情に欠ける。」

3節　言語によるコミュニケーション　ヒアリングと情報発信

1　言語によるコミュニケーションの重要性

① 言を知らざれば、以て人を知る無き也。(堯白20−3、井波590)
「言語を知らなければ、人を認識できない」
② 夫れ達なる者は、質直にして義を好み、言を察して色を観、慮って以て人に下る。(顔縁12−20、井波360)
「そもそも「達」とは、素朴で正義を好み、人の言うことをよく聞いて、相手の感情をよみとり、深く考えて人にへりくだる」
③ 子日く、徳有る者は必ず言あり。言有る者は必ずしも徳あらず。
(憲問14−5、井波406)
「先生は言われた。徳のある人は必ずりっぱな発言をするが、りっぱな発言をする人が、徳のある人とはかぎらない」

〈解説〉
①では、人を認識するために言語コミュニケーションの重要性を指摘する。②では具体的に相手の感情を読み取れるようによく耳を傾け，深く考えることの大切さを諭している。③ただ、立派な言葉を使っているからと言ってその人が本当に徳のある人かどうか判断することはできない。

　大勢の人々が交流している実社会においては、お互いにその人となりを正しく理解し尊重していくことが大切であるが、そのためには、言葉によるコミュニケーションが非常に重要になる。DA ラーニングでは、情報の収集作業などで社会の人々にアクセスする機会が多いが、言語コミュニケーションの能力を磨いていかないと、ヒアリングなどを通じて相手から貴重な情報を引き出すことは難しくなる。ヒアリング相手の方も生きた感情を持つ人間であり、欲しい情報を聞き出す場合には、相手の方の感情の動きに十分配慮しながら進めていくべきである。
　学習活動の最後には、自ら創造した新しい知識を多様な形で発信するという作業を行うが、どうしたら相手に自分の真意を適切な言葉で伝えられるかが重要な問題で、そのための基本的なコミュニケーションスキルが必要になる。成果の発信作業のトレーニングで言語のコミュニケーションスキルが鍛えられていく。
　（注）個々の発表手法に関するスキルは、前著１０章で詳論。良好なコミュニケーションの進め方については、『マザー・テレサに導かれて愛をつなぐ奉仕活動』７章「ハートフルコミュニケーション」を参照。

2　情報収集のための言語コミュニケーション

（1）適切な関係者へのアクセス

① 敏にして学を好み、下問を恥じず、ここを以てこれを文という。
　（公冶長 5 − 15、井波 123）
「利発な上に学問好きで、目下の者に問うことも恥じなかった。だから文というのだよ」（金谷 93）
② 子曰く、君子は言を以て人を挙げず、人を以て言を廃せず。
　（衛霊公 15 − 23、井波 471）
「先生は言われた。君子は（その人の言った）言葉によって人を推挙せず、それ

を言った人によって言葉を破棄しない」

〈解説〉
①学問の好きな者は、年長でも年下でもその立場や地位を離れて相手かまわず素直に聞くようにする。②地位や身分の低い人の言葉でもそれが正しいと思うと尊重して大切にする。

　学生の DA ラーニングでは、様々な外部の方が学生の調査にとって非常に意味のある情報を提供してくれる。すべての人が先生になるといっても過言ではない。だから、良い機会があれば誰からでも学ぶという謙虚な姿勢が不可欠である。チームの課題にとって関係のある話を提供してくれそうな人には、その社会的な地位に拘らずにこちらから積極的にアクセスして聞いてみる。実際学生の海外調査などでは、市井の普通の人々のちょっとした生の感想や感情表現・行動などが、現場の正しい状況把握にとって非常に重要な情報になることがある。
　もちろん、調査課題に関連した分野で地位の高い責任者や指導者にお会いして直接に問題の内容やご意見を伺うことは、調査活動にとって非常に有益な作業になる。学生は懸命にご意見を拝聴し質問を繰り返すことで、調査内容がかなり充実したものになる。これら責任のある方々から得られたヒントは、独創的な成果を生むためのインスピレーションになることもしばしばある。その意味で、サムシングニューの研究成果をあげるもっとも有効な方法は、現地に出かけて課題に直に関係する分野の責任者・重責の関係者と時間をかけてじっくり話し合うことである。

（２）　ヒアリング・インタビューのスキル　～基本的な作法

　実社会における情報収集のもっとも重要な手法は、インタビューやヒアリングによる情報収集である。はじめにお会いしたい相手を探し、続いて先方との面会について日時や場所のアポイントメントを取り、指定された日時に直接訪問してお話を伺う。
　専門家や高い地位の方に対するアポイントを取る作業は、学生にとって非常に大変な仕事になり、特に面接相手が海外にいる場合など、チームの調査旅行の日程とうまく合わせなければならないので、相当早くから周到な準備をしておかなければならない。ヒアリングの作業は、相手と直接対面して聞きたい問題について質問し、必要な情報を収集する。

その際、良い情報を聞き出すために、ヒアリングの方法について特に気をつけることがある。

短時間の集中力

① 孔子曰く、君子に侍るに三つの愆有り。言未だ之れに及ばずして而も言う、之れを躁と謂う。言之れに及んで而も言わず、之れを隠と謂う。未だ顔色を見ずして而も言う、之れを瞽と謂う。(季氏 16−6、井波 496)

「孔子は言われた。目上の人にお仕えするのに、三つの過ちがある。話題がそこまで行っていないのに、口に出すこと、これを躁という。話題がそこまで行っているのに、発言しないこと、これを隠という。相手の顔色を見ずに発言すること、これを瞽という」

〈解説〉

①は、君子に仕える時の注意点であるが、会話の基本的な作法を表している。ヒアリングにおいても、目上の相手に対して常にその場の状況に敏感に対応しながらデリケートな配慮が必要になる。相手の話を途中で遮ってはいけないし、他人と発言がかちあうと必ず謝って先に相手に譲るなど、会話では発言のタイミングが重要である。相手もうまく気持ちが乗ってくると、思いがけなく貴重な情報を提供してくれることもあるからである。

　ヒアリングやインタビューを行う時には、事前に主な質問事項をまとめた「質問票」を作成して先方に提出する。その質問内容にしたがって、出発前に想定問答等などを考えながら質問の予行演習をする。その際、研究計画の文脈からみて特に重要な項目について質問漏れのないように十分に準備しておくべきである。
　ヒアリングの本番では、限られた時間内における集中力の持続が重要である。質問事項に対する相手の説明に耳を傾け、さらに聞きたいことが出てくると補充質問をしていく。限られた時間のヒアリングではできるだけ重要な問題に質問時間を振り向けるように配慮する。
　また、相手の言葉による直接的な説明だけでなく、話すときの相手の態度や雰囲気から何かを察する、いわゆる非言語コミュニケーションも重要になる。後の論文作成の作業で、学生はヒアリングの様子を思い出しながら、たとえば、この問題を我々が持ち出した時には先方は答える

のにあまり乗り気でなかった、と相手の話す時の態度から本音を察していくこともある。神経を集中させた会話の中で相手の思いや意図を察する作業が非常に重要である。

　初めてヒアリングを行う学生は、場の雰囲気に少しずつ慣れていき、ゆったりとした余裕のある態度をとることが重要である。ヒアリングもあくまで人間と人間の間の会話であり、あまり緊張していると話がなかなか盛り上がってこない。早く場の雰囲気を読んで、和やかな環境の中でヒアリングを行っていく。その時、会話の基本的な作法に則って話を進めていく。

ヒアリング相手との協働作業　良い信頼関係

　ヒアリングやインタビューの場では、お互いの共感脳の働きが十分緊密に反響しあっていると話題が楽しく弾んでいく。好奇心に満ちて自分の言葉に賛意を示し、感動しながらさらに掘り下げて聞いてくる聞き手に対して、話す方は共感脳が強く刺激され、話題に乗ってさらに重要な知識情報を詳しく提供しようとする。学生たちの次々と繰り出す質問が、相手の関心と回答の中にぴったりはまり、質疑応答がスムーズに活発に盛りあがっていく。ヒアリングやインタビューの極意は、どれだけ話し手にリラックスして気持ちよく次々と面白い話をさせるかである。話し手も高揚してきて、今まで思いつかなかったような新しい事実や考えを話の中で生み出すこともある。

　相手と良い信頼関係が生まれてくると、学生の方でも質問内容に関してあまり自己規制をする必要もなくなり、フランクな会話の中で相手の持つ豊かな暗黙知を引き出すことができる。聞くことを遠慮していた疑問点（正式に正面からはなかなか聞けないことなど）も、この際だからと率直に聞いてみる。好奇心や探究心を活性化させて精一杯この貴重な機会を生かす。双方がうまく協働作業をすれば、ヒアリングやインタビューの成果は豊かなものになる。

3 情報発信 — チーム研究の独創的な成果の発信

① *子曰く、質 文に勝てば則ち野。文 質に勝てば則ち史。文質彬彬と*
して、然るのちに君子。(雍也 6 – 18、井波 159)
「先生は言われた。素朴さが文化的要素をしのぐと野蛮になり、文化的要素が素
朴さをしのぐと自然さがなくなる。素朴さと文化的要素が均衡とれてこそ君子
だ」

〈解説〉
①すでにこの章句の意味は1章で取り上げているが、言語コミュニケー
ションと絡めて考えると、「質」とはチームの研究成果の独創的な質、
「文」とは、それを外部に発表する言語表現と理解することができる。
どんなに良いコミュニケーションスキルを使って成果の言語表現がうま
くできても、肝心の研究成果の質のレベルそのものが低いと、最終的に
は高く評価されることはない。また、どんなに独創的な素晴らしい成果
でも、外部に発表するコミュニケーションスキルが劣っていると、その
成果の素晴らしさが相手にあまりよく伝わらずに、他人からの評価も低
くなる。「質」と「文」とがともにある程度のレベルに達して（文質彬
彬）はじめて、チームの研究成果が高い評価を受けることになる。

　イノベーション指向のチーム学習では、先行研究の成果を乗り越える
何か新しいものを生み出そうと努力しているが、その結果得られた研究
内容の独創性は、情報発信活動においてチームの大きな強み・魅力にな
る。発表においてその研究の中身の独創性を強く表面に出すことで、チ
ームの発表が高く評価される。どんなに発表の仕方にいろいろな工夫を
加えても、肝心の発表される内容に一定の独創性がないとそれだけ評価
も低くなる。情報発信では、他にないような自らの独創性を強く意識し
て、チームの強みを中心に積極的にアピールしていくことが重要であ
る。
　その際、事前に関連分野に関する多くの先行研究について十分な知識
情報を収集しておき、先行研究の研究成果と対比しながら、チーム研究
の独創性を明確に強く全面に出すことが重要になる。

3部

教師と社会

社会で生きる論語学習の成果

8章

教師の役割と成果の評価

　最後に指導する教師の立場から見て、理想的な教師としての孔子の言葉を整理しておこう。すでに孔子の数多くの章句を紹介しており、この章では、特に教師に向けた言葉として重要なものに焦点を絞って検討する。

1節　　教師の資質と役割

1　教授の高潔な人間性　　〜「仁」と君子

　伝統的に日本の大学では、教師が、自己の厳しい研鑽を長年にわたって積み重ねる中で、習得した学問的真理・スキルに関する豊かな知識を、教室の一方向的な講義によって若い学生に教え伝授するという形で、高等教育の授業が一般的に行われていた。その際、教育者として教授の優れた人間性や高潔な人格がすぐそばで学ぶ学生達の心に強い影響を与え、それを通じて学生の人間的な成長を促すものとされていた。

① *河合栄治郎　教師は何よりも教育者でなければならない。彼は自らが苦しみ悩んで人生を生きたものでなければならない。彼は人生を生きるが為に、学問と真理との価値を体験したものでなければならない。彼は全ての自らと同じく人生の門出に立つ学生に、同情と愛を抱くものでなければならない。教授！　人生の分岐点に立つ若人に、潜める心霊に点火して、之を人生の戦いに駆ること、世に之ほど神聖な職業があろうか。之こそ聖職と呼ばれねばならない。(河合栄治郎『学生に与う』より)*
② *子曰く、其の身正しければ、令せずして行われる。其の身正しからざ*

れば、令すと雖も従われず。(子路13－6、井波375)
「先生は言われた。自分自身の身もちが正しければ、命令しなくても実行される。自分自身の身もちが正しくなければ、命令しても実行されない」
③ 子曰く、苟しくも其の身を正しくせば、政に従うに於いて何か有らん。其の身を正しくすること能わずんば、人を正しくすることを如何せん。(子路13－13、井波381)
「先生は言われた。かりにも自分の生き方を正しくすれば、政治にたずさわることなど、何の困難もない。自分の生きかたを正しくすることができなければ、人に正しい生きかたをさせることなど、どうしてできようか」

〈解説〉
①は東大教授であった河合栄治郎の言葉であり、高潔な教師としての理想像を描いている。②③では、政治を行う君主に関する言葉であるが、指導者の教師が自身で義・正しさ、仁、礼節を大切にすれば、学生も良いお手本に従って生き生きとした学習活動ができる。①と同じく、教師としての厳しい矜持が問われている。

　学生の主体的能動的な学習活動を誘導する DA ラーニングでは、こうした教師の伝統的な姿が変貌する可能性がある。ここでは学生の強い向学心と新たな学びへの知的好奇心・意欲が学習活動を支え前に進めるエンジンになっており、教師の立場は一歩後退して、学生の自発的主体的な学習活動を支援し誘導するという、いわば「任せて任せず」の姿勢をとることになる。
　教師は学問的な専門知識を学生に教えるという伝統的な教育活動だけでなく、学生自身の実践的な活動を通じて幅広い面での人間的な成長を促し誘導するという、新しいタイプの重要な役割を担うことになる。教室で専門的知識を体系的に講義しながら、同時にゼミなどを通じて学生の内在的な疑問や質問などに丁寧に耳を傾け、専門家の立場から自らの豊富な暗黙知を動員して、学生達の主体的能動的な学習を支え誘導する。その過程で学生の「人材基礎力」が育ってくるものと期待される。DA ラーニングでは、教師はこの新しいタイプの仕事に取り組まなければならなくなる。
　もちろん、教授の高潔な人間性や豊かな知識体系は、学生の指導において不可欠の重要なものである。学生はすぐそばの先生の日常的な姿を

159

見て、「暗黙知」を学びながら先生の学風に感化され、大きな影響を受けるからである。DA ラーニングの学習目標を「人材基礎力」の習得に掲げる時には、教授自身が自らの弛まぬ日常的努力の中で「仁・礼・義・徳」を懸命に習得し、その学ぶ姿を通じて学生を教導感化することが求められる。ただ、孔子自身が、自分もまだそのような教師としては不十分な人間であると述べているように、「仁」の習得それ自身も、教師にとってなかなか背負いきれない生涯の重い荷物になる。

2　教育への責任感と情熱

① 子曰く、苗にして秀でざる者有り。秀でて実らざる者有り。(子罕9−22、井波260)
「先生は言われた。苗のままで伸びて花の咲かないものがある。伸びて花が咲いても実をつけないものがある」

② 子曰く、其の進むに与する也。其の退くに与せざる也。唯えに何ぞ甚しきや。人己を潔くして以て進む。其の潔きに与する也。(述而7−28、井波202)
「先生は言われた。この子の進歩したいという気持ちに手を貸したのであり、退歩しようとするなら、手を貸さない。それなのに怪訝に思うとはひどすぎるではないか。人が心身ともにすっきりと清潔にして会いにきたときには、その清潔さに手を貸す」

③ 子曰く、之れを愛す、能く労うこと勿からんや。忠なり、能く誨うること勿からんや。(憲問14−8、井波409)
「先生は言われた。愛する者に対しては、ねぎらいいたわらずにいられようか。(相手が)まごころを尽くしている以上、教えないでいられようか」

④ 善を挙げて不能を教うれば則ち勧む。(為政2—20、井波42)
「善なる者を登用し、能力のない者を親切に指導するようになさったならば、自発的に励むようになります」

⑤子曰く、吾れ知ること有らんや、知ること無き也。鄙夫ありて吾れに問う。空空如たり。我れ其の両端を叩いて竭くす。(子罕9−8、井波246)
「先生が言われた。わたしはもの知りだろうか。もの知りではない。身分の低いつまらない男でも、馬鹿正直なほどまじめな態度で私に質問するなら、わたくし

ははじめからおわりまで聞いて問いただし、存分に答えてやっているのだ。」
（金谷170）

〈解説〉
①では、教育を疎かにしていると若者の成長が期待した道から外れてしまう危険がある。教師の責任は重い。②③④⑤は、孔子は、前に進みたいという向学心の強い誠実な学生に対して、身分などに関係なく誰にでもオープンな態度で接するし、能力のない学生にも親切に指導して学生自身の自発的な学習の意欲を高めるようにしている。真面目な態度で聞いてくれれば丁寧に教えてあげるよ、と学生に呼びかけている。

　自分のもとに集まってくる若者たちを指導し大きく育てるのが、教師としての天命と考えるようになると、教師は、目の前の教育活動に最大限の情熱と愛情を注ごうとする。単に学問的真実を追求し、その成果を学生達に伝授することだけでなく、学生達の主体的な学習活動を支えリードし、その中で学生自らが能動的な学びを通じて豊かな人間性を習得して立派に成長していくことを強く願って精一杯に支援しようとする。若者の未来の活躍について大きな可能性を読みとり、その可能性が近い将来に実際に実現していくように最大限細やかな心配りをしながら、学生達を大きく豊かに育てていくことに、教師としての強い責任と喜びを感じるようになる。
　その過程では、決して倦むことなく諦めることなく、学生の学習活動を最後まで丁寧に導いていってこそ、教師に課せられた使命・責任を全うすることになる。途中でこの努力を少しでも怠れば、若者の優れた潜在能力も開花せずにそのまま終わってしまうからである。それがまさに天命を知り、天命に従って教師自身の人生を充実させる幸せの一本道である。

3　学生からのシグナリングと安全弁としての教師の役割

　教師は常時、自分たちで自発的に知識を収集し分析し創造しようと懸命に頑張る学生たちのすぐ側にいて、より良い成果が生まれるように切に願いながら、心を込めた適切な指導と助言を与えていかなければならない。そして最後に、チームがサムシング・ニューの創造に成功したと

きには、学生たちとともにその成功の喜びを分かち合う。

①子曰く、二三子、我れを以て隠せりと為すか。吾れは隠す無きのみ。吾れ行いて二三子と与にせざる無き者は、是れ丘也。（述而7-23、井波197）
「先生は言われた。きみたちは、私は何かを隠していると思っているのではないか。私は何も隠していない。私が行動するとき、きみたちといっしょにやらないことはない。それが丘のやりかただ」

〈解説〉
①は、弟子たちは、いつも一緒に行動して、孔子のありのままの姿を見ることで、孔子の優れた暗黙知を学ぶことができる。偉大な師の側にいるだけで師の暗黙知を吸収して大きな感化を受けている。

　探索型のチーム学習では、途中で前途の展望がなかなか描けず、今後の活動への不安が大きくなってくることがある。学生は、このまま続けてよいのか、堂々巡りの議論の中で迷路に入り、大混乱に陥ることもある。本来個人の強い好奇心をエンジンにして探索活動をしているために、順調に前に進んでいる時はやるべきことが次々に目の前に現れ、次々に挑戦していくことができる。しかし、ひとたび行き詰まり、進むべき先が見えなくなると、好奇心が衰えて活動を継続していく気力が徐々に萎えてくる。そのような危機のシグナルが出た時には、コーチとして教師の出番である。
　教師は、日頃からチームの学習活動のすぐ側にいて、数室へのワンダリングを繰り返しているが、学生たちの願望・気持ちの動きや活動状況をよく観察し記憶しておく。そして、チームがどう進むべきか分からず、迷路に迷いこんでしまい、困って相談に来た時には、はじめの頃のチームみんなの気持ちや考え・望みなどをもう一度思い出すように詳しく話し聞かせ、今までのチームの活動状況を体系的に整理しながら、学生たちがもう一度じっくり考えて立ち直ることができるように、そのきっかけを作ってあげる。
　学生たちが意欲的に活動すればするほど高い壁にぶち当たり、途中で相談に来るものである。教師は、常時目と耳をそばだてて学生からのそのシグナルを受け取れるような態勢を整えておくべきであり、経験の深い教師ほど、危機の時の救助員の心づもりでチームの活動を常時見守っ

ている。学生のチーム活動に対し、教師の側でこのような安全弁をうまく整備しておくと、チームの学習活動が失敗に終わる危険性が少なくなり、学生の自発的な探索型チーム学習を正規授業のカリキュラムの一環に取り入れることがより容易になる。

4　学生と共に学ぶ教師の姿勢

① 敏にして学を好み、下問を恥じず、ここを以てこれを文という也。
（公冶長5－15、井波123）
「鋭敏でありながら学問を好み、目下の者の意見を聞くことを恥ずかしいと思わなかった。だから、文という 諡 がつけられたのだよ」

〈解説〉
①では、学問が好きで、その学ぶ姿勢は柔軟であり、目下のものや学生とも自由にフラットな会話を楽しんだ。

　DA ラーニングは、学生の自主的能動的な学習活動であるが、指導者の教師自身も、学生と同じようにチームの課題に関して強い知的好奇心と関心を寄せ、学生とともに新しい問題について考え学ぶという姿勢が重要になる。実社会でインタビューなど実践的な学習活動を展開する学生を支援しながら、その新しい調査結果に深い興味と関心を寄せて学生と一緒に考えていく。
　その結果、教師も学生チームの一員として共に学ぶという協働の喜びを感じるが、さらに、自分の研究活動にも新鮮な刺激が得られることが多い。実際、夏季休暇を利用して海外調査を展開する学生チームの帰国後、その生々しい最新の成果を報告してくれる夏休み最後のゼミ合宿は、教師にとって学問的な好奇心が強く刺激され満たされる楽しい場所になっている。

2節　コーチングスキル

1　教師はよく学び、しっかり記憶し、倦まず厭わず教える

① 子曰く、黙して之れを標(しる)し、学んて厭わず。人を誨(おし)えて倦まず。我に於いて何か有らんや。(述而7-2、井波175)
「先生が言われた。黙ってしっかり記憶し、嫌気を起こさず学問に励み、飽くことなく人に教える。こんなことは私にとって苦にはならない」

〈解説〉
①では、孔子は教える者の準備作業として、大事なことをしっかり記憶すること、途中で嫌気を起こさず学習を継続すること、飽きずに教えること、すなわち、知識基盤の強化、新たな学習の継続、それをベースにした粘り強い教育活動、この3つをあげている。偉大な教師の孔子はこの面でも非常に優れた活動を展開している。

　専門分野に関する多様な知識情報を確実に記憶しながら、さらに自分の課題に関して深い研究活動を継続していくことは、教師が教室での教育活動をより効果的に展開していくのに不可欠な仕事であるが、この研究活動は研究者として誰でも取り組んでいるものである。教育者としての問題は、学生への教育活動にうんざりせずに粘りつよく取り組めるかどうかである。
　戦後の日本の大学教育では、長い間教員による研究重視・教育軽視の風潮が強く残り、学生の指導は研究活動の余りの時間に、教授会で決められた時間割にしたがって行うものとされてきた。その中で教員は、もっぱら研究活動だけをしておれば良い、という錯覚を持ち続けてきた。それがここまでの日本の大学における教育活動の停滞をもたらす主要な要因になっているのかもしれない。学問好きな孔子の教育においては、研究活動と教育活動が一体化され融合化されている。

2 教師の大局観と構想力

①人にして遠き慮りなければ、必ず近き憂いあり。(衛霊公
　15－12、　井波463)
「人として、遠くまで見通す配慮がないようでは、きっと身近な心配ごとが起こ
る。」(金谷310)

〈解説〉
①では、遠く先を見通した大局観および構想力をしっかり持ちなさい。
それがないと、身近なことで一喜一憂することになる。

　DA ラーニングは、学生の主体的な学習活動を中心に展開されてい
く。ただ、この主体的な活動は、あくまで大学教育における正規の授業
の一環として取り入れられているものであり、卒業要件のための単位取
得に直接関係してくる。ここがサークルやクラブなどの自主的な活動と
根本的に異なるものである。たとえ学生の自主的な学習活動がうまく
いかなくても、教師が単位認定作業を放棄することは許されない。チーム
としての学習活動の最終的な監督責任を負う以上は、教師はチーム活動
の総合的なマネジャーとしてチーム活動全般に関与し、活動の方向性を
積極的に誘導していかなければならない。
　実社会での調査活動を含む DA ラーニングの学習は、経験の乏しい未
熟なものにとっては非常に不安なものになる。そのために指導する教師
が、自らの豊かな学識と体験をもとにしてチームの学習指導に関する大
局的な構想と展望を明らかにし、それを学生によく分かるように伝えな
がらチーム活動の具体的な方向を誘導していかなければならない。
　チーム指導に関するこうした大きな構想や大局観の中で、教師は、学
生のモチベーションの支援、「研究計画書」や「作業工程表」の執筆指
導、論文執筆の添削指導、プレゼンテーションスキルの指導など、年間
を通じて様々な形で学生の自発的な学習活動を懇切丁寧に指導する。途
中でチームの活動が幾度か失敗することがあっても、学生が迷い迷って
大きくぶれてしまうことがないように願って、停滞しているチーム状況
を大局的な視点からよく観察判断する。そして、学生を励ましてチーム
活動を立ち直らせ、着実に前進させていくことが、教師の重要な役割に
なる。学生も、チームの研究指導に関する教師の全体構想をよく聞いて
理解することで、安心してチーム学習の活動に集中することができる。

結局、教師には、優れた指導者として、また総合マネジャーとして、学生の自主的な学習活動を統括誘導し成功させるために不可欠な、優れた大局観と構想力、そして、実行力が強く求められている。

3　学生指導の有効な諸手法

　教師が愛情を持って根気よく丁寧に指導するには、学生のすぐ側にいて対話による指導に十分な時間をかけることが不可欠である。その時、チームの研究活動の方向性や細かな内容にまで立ち入ってよく学生の話に耳を傾け、必要に応じて学生に提案し教示しながら、学生の自主的な活動を誘導していくことができる。これがサーバントリーダーとしての教師の基本的なやり方であるが、その際、教師の良好な言語コミュニケーションの能力が重要になる。

　対話による指導では、学生の希望や考えに根気よく耳を傾けて正しく理解しながらも、学生がとりまとめた行動計画案への批評や新たな修正提案などを通じて学生に改善の方策やより望ましい方向を伝えていく。学生が十分に納得せず聞き入れようとしない場合には、さらに学生の言い分を丁重に聞き、その後に教師の側の新しい提案と考えを示していく。この際、教師のコミュニケーション能力が乏しいと、教師の提案や意図がどんなに良いものであっても、学生にあまり伝わらずに指導の成果があがっていかない。

　チーム活動のはじめの段階では、やはり教師の持つ智恵や経験を十分生かして、根気強く学生の経験不足や知識の不足を補ってやらなければならない。チームの学習活動の全体像と文脈的な筋道を明らかにするなどして、チームの自主的な学習活動をうまく軌道に乗せることが何よりも重要になる。

　チーム活動が軌道に乗ってくると、教師と学生との会話は、しばしば具体的な活動内容を記入した文書による連絡報告を中心に行われるようになる。学生の提出した「研究計画書」や「作業工程表」を巡って長時間の対話指導が繰り返し行われる。また、社会の実地調査に関しては、面会者の紹介、インタビューの内容や訪問先におけるリスクの管理を巡って頻繁に学生と教師との対話が繰り返される。

　サムシング・ニューの創造的な学習活動の段階では、しばしば未熟な学生たちだけでは堂々巡りの思考や議論に落ち込み、前進していくこと

ができなくなる。その時に教師は、悩み苦しむ学生に的確なアドバイスを送ることが求められる。学生が良い考えが浮かばないからといって教師の話に安易に乗って活動しようとすれば、学生の側で主体的な学習意欲が高まってこない。教師としては、自分の考えを一方的に学生に押し付けることがないように、細かな配慮をすることが重要である。

　教師との対話コミュニケーションを重ねる中で、学生は、よりいっそう論理的な思考を深め、自分で焦点を絞って考え抜いてこれからの調査課題や疑問点などをまとめて書面に記し、それを持って教師の指導を求めにやってくる。その間、教師は根気よく倦まず諦めず学生に前向きの強い姿勢が出てくるのを待っていなければならない。

　最後の成果発表の段階になると、教師は、チーム論文の添削指導やプレゼンテーションの演出指導などで、少しでもより良いものを求めて学生チームに対して繰り返ししつこく厳しい改善注文を出す。まるで学生との格闘のような産みの苦しみの時間が続いていく。

（１）学生の行動観察　〜過去・現在・未来への続く成長過程

① 子曰く、其の以うる所を視、其の由る所を観、其の安んずる所を察すれば、人焉くんぞ廋さんや、人焉くんぞ廋さんや。（為政 2−10、井波33）
「先生は言われた。その人物の行動を観察し、その行動がどんな理由でなされたかを観察し、その行動の落ち着き先を推察すれば、その人はどうして自分の真の姿を隠せようか、どうして隠せようか」

〈解説〉
①人物観察では、その人がどう行動するか、何を拠り所にしているか、何に満足するか、すなわち、行動の様子、その動機、その狙い（目標・成果）の三点をみることで、その人の本質がよくわかる。これが孔子流の人物判定法の三点基準である。人間の行動を科学的に分析する行動科学マネジメントではこの３点は重要な基準であり、目の前の行動だけでなくその背景にある動機や行動の狙いにまで視野を広げて人物を観察し判断する。

　教師は毎年多くの学生と対面して指導しているが、学生にはそれぞれに違った強い個性があり、考え方も行動様式も多様である。効果的な学

生指導には、まず彼らの人間性や行動様式をよく理解して、その上で彼らにとってどのような学習活動がもっとも望ましいか、学生の立場や視点からよく考えて指導していかなければならない。

　この際、人物観察で重要な点は、人生の長い成長過程を視野に入れた中で彼の人間性の特徴をみることである。今までどのようにして生きてきて、どのような動機で今の活動をしようとしているのか、さらに、この活動を通じて将来どのように生きようと願っているのか、長い人生の成長過程の中に今の学習活動を位置づけて人物を観察することで、本来の人間性・人格がよく理解できるようになる。彼の脳の中の記憶装置には、過去の様々な体験やノウハウ、さらに未来への希望がインプットされて蓄積されており、それが今の彼の人間としての本質の重要な部分を形成しているからである。

　チーム学習の活動の入り口で実施する面接試験においても、目の前にある学生の今の姿を見るだけでなく、過去・現在・未来の長い時間的流れの中で彼がどのように成長していくのか、それに教師がどのように関わることができるのかなどを真剣に考えて、ゼミ志望の学生と直接語り合うことが重要になる。

（2）相手の特徴に合わせた待機型説法

① *赤や惑う。敢えて問う。子曰く、求や退く、故にこれを進む。由や人を兼ぬ、故にこれを退く。*（先進11－22、井波323）
「赤には分かりませんので、そのわけをおたずねしたいと思います。先生は言われた。求は引っ込み思案だ。だから進めたのだ。由は出しゃばりだ。だから抑えたのだ」（赤は公西赤、求は冉求、由は仲由のこと）
② *子曰く、中人以上には、以て上を語る可き也。中人以下には、以て上を語る可からざる也。*（雍也6－21、井波161）
「先生は言われた。中程度以上の人間には、高度な話をしても良いが、中程度以下の人間には、高度な話をしても仕方ない」
③ *君子の道は、孰れかを先ず伝えん、孰れかを後に倦まん。諸れを草木に譬うるに、区して以て別る。君子の道は、焉くんぞ誣う可けんや。*
（子張19－12、井波567）
「君子への道は何を先に伝え、何を後からうんざりするほど教えるかにある（弟

子の資質によってまちまちだ）。たとえば、草や木を植えるのに、土地を区切って別々に育てるようなものだ。君子への道は（最初から高尚なことを無理やりに押しつけて教えるといった）ごまかしがきかない」

〈解説〉
①では、二人の弟子がそれぞれ別に孔子に向かい、同じ課題を取り上げ、それをやるべきかどうか質問した。その時、二人の性格の違いを知っている孔子は、二人に全く相反する逆の答えをした。それを聞いていた別の弟子が何故に二人にまったく反対のことを言うのかと疑問に思い、孔子に聞いた。孔子は、相手を見て相手の個性やレベルに合わせてそれぞれにもっとも適切な答えをした、と説明するが、これが孔子の待機型説法である。②で、相手の知識基盤の状況によって話す内容や話し方を変える。孔子は、相手をよく見て、弟子の個性・性格や才能によってそれぞれによくあった待機型説法の指導をした。③で、君子への道は、何を先に教え、何を後に教えるか、相手によってべつべつに考えるべきであって、すべての人に同じようなやり方を押しつけても、それではまったくうまくいかない。違った草木を育てるのにそれぞれ別々の区画に植えるようなものだ。

　探索型チーム学習の長期の過程では、学生は自分たちで新しい情報を収集し、自分たちでよく考えてどんどん成長していく。教師は、学生のこうした変化をよく観察しながら、その知識レベルや学習段階に応じて画一的でなく臨機応変の対話を行う。これは非常に有効な指導手法である。
　実際、チーム学習の活動が進むと、初めの学習段階に比べて学生の知識が豊富になっているばかりでなく、調査した現地事情等に関して教師よりも詳しい具体的な最新情報を持つようになる。このレベルでは教師は、新しい知識を教えるというよりも、知識の豊かな学生にどんどん質問しながら学生に大切なことを気づかせ、学生の知識がより体系的で確かなものになるように誘導していくのである。これが学生個々人の成長状況に応じて適宜に指導するという「待機型説法」である。

（3）教師の提案・誘導と学生の理解・受け入れ

① 子曰く、法語(ほうご)の言(げん)は、能(よ)く従(したが)う無(な)からんや。之を改むるを貴しと為

す、巽與の言は、能く説ぶ無からんや。之れを繹ぬるを貴しと為す。

説んで繹ねず、従いて改めざれば、吾れ之れを如何ともする末きのみ。

（子罕 9 - 24、井波 262）

「先生は言われた。厳かな教訓の言葉は、従わないではいられない。（しかし、その言葉によって）自分の行いを改めることが大事だ。穏やかで、ものやわらかな言葉は、うれしい気分にならずにはいられない。（しかし）じっくりとその意味を考えることが大事だ。うれしがってじっくり意味を考えず、従わねばと思うだけで、自分の行いを改めない者は、私も処置なしだ」

② 子路聞くこと有りて、未だ之れを行うこと能わざれば、唯だ聞くこと有るを恐る。（公冶長 5 - 14、井波 121）

「子路は、先生から何か教えを聞き、まだそれが実行できないうちに、次の教えを聞くことをひたすらこわがった」

〈解説〉

①は、先生からのアドバイスを学生がどのように受け入れるべきか、非常に興味深い指摘である。教師が修正点・改善点をアドバイスした時、その言い方が命令調で伝えられると学生は自然にそれに従ってしまう。また、教師の言葉が穏やかであると、学生は嬉しくなってもはや自分で深く考えようとはせず、言われたものをそのままそっくり受け入れている。教師としてこんな学生はどうしようもないものだ。自分たちで考えることが大切であり、教師の助言の言葉はそのための手引きや道標に過ぎないのである。②は、すでに教わったものを自分でまだ十分に取り入れていないので、先生の前では怖くて、すぐに新たな助言を聞きに行くようなことはなかった。

　教師やファシリエーターの具体的なアドバイスは、主体的に動く学生の立場を尊重して指示調でなく提案調のおだやかな言葉で伝えるべきである。また、学生が教師との対話を重ねながら学生独自の新しいものを自分の頭の中から生み出すには一定の時間が必要であり、その間は、教師は、学生の方で自分に対してなんらかの行動を示すまで、心の中でどんなに深く案じていてもじっと我慢の姿勢を保ち続けることが重要である。

　他方、学生は教師の話を聞き流すのではなく、それに従って一層深く問題点を調査したり、よく考えて修正していくことが求められている。

DAラーニングを実施するのは学生自身である。教師がどんなに望ましいと思われるやり方を指示したり、誘導したりしても、学生がそれを十分理解し深く考えて、自分たちの方法で学習活動に生かしていくことがないと、教師の指導はお手上げの状況に陥る。この点が、一方向的な講義と根本的に異なる、DAラーニングの限界でもある。

　孔子でさえ、自分の指導を素直に受け入れてくれなければ、指導そのものが処置なしの状況に陥ると嘆いている。教師の指導をより効果的にするためには、常時学生のすぐ側にいて学生の新しい活動状況をよく観察し、学生との間で深い信頼関係を築き、その上で時間をゆっくりかけて倦まず丁寧に対話指導を展開していくことが必要になる。

3節　学習成果の評価とそのフィードバック

　DAラーニングでは、作業目標を設定して学習活動を展開していくが、途中「作業工程表」の中で示されたマイルストーンを見て、どこまで達成しているかを振り返りチェックしている。学習チームは、次々にマイルストーンの目標を無事達成しながら進んでいく。一年間の学習活動を終了する時には、最終的な目標の達成度について具体的に検証し、学習活動の成果と反省点を探る。これが残された重要な学習課題になる。

1　外部評価の意義と限界

① 子曰く、人の己を知らざるを患えず、其の不能を患うる也。（憲問 14－31、井波 434）
「先生が言われた。人が自分を認めないのは気に病まないが、自分が無能であることを気に病む」

〈解説〉
①は、自分のチームの成果を発表し、他人から十分高く評されないことがしばしばあるが、そんな時、他人からの低い評価に対して過度に神経質になって悩むよりも、自分の学習には、まだ足りないところが残され

ていることを反省すべきである。

　DA ラーニングでは、最後にチームメンバー自らの手によってこれまでの成果に対する評価とそのフィードバックの作業を行う。同時に、チームの外の人たちによってもチーム学習の活動に関して成果評価が行われる。学校の正規授業内での DA ラーニングでは、学生の達成した学業成績に関して成果の評価は避けて通れないものである。

　複数のゼミによるチーム対抗のプレゼンテーションの審査会では、外部から審査員を招いて、各チームによる発表の成果を評価して順位をつけ表彰することもある。意欲的な活動を行っているにチームにとって、研究成果のプレゼンテーションの機会は、学習意欲を強く刺激するものであり、学生は発表会で好成績を取ることを目標にして、最後まで懸命な調査活動を展開している。先輩が好成績を得た場合には、その研究活動を引き継ぐ後輩のチームは、非常に強い刺激を受けて学習意欲を最後まで高いレベルに保持している。高校の野球チームが、甲子園出場という高い目標を掲げて懸命にチームのトレーニングを行うのと同じである。

　成果評価の機会は、確かに学生の学習意欲を継続的に高く保持させるために非常に重要な役割を果たしている。しかし、あまりにも審査結果に拘り、最終的な評価の優劣が学習活動の成否のすべてであるかのような気持ちになるのも問題である。DA ラーニングは、本来すべての参加学生がこの学習活動を通じて「人材基礎力」を育成し強化することが目標であり、チームメンバー全てがその活動を熱心に誠実に展開していくことに大きな意味がある。プレゼンテーション審査会における他からの評価に過度にとらわれて、自らの継続的な学習の意欲を無くしてしまうことは愚かなことである。たとえ低い評価しか得られなくても、自らの活動の不十分だった点を冷静に振り返って、その反省の上に次のステップに向かうべきである。

2　根拠のある褒め

① 子曰く、吾れの人に於けるや、誰をか毀り誰をか誉めん。如し誉むる所有る者は、其れ試むる所有り。斯の民や、三代の直道にして行う

所以也。*(衛霊公15-25、井波472)*

「先生は言われた。私は人々に対して、誰も安易にけなしたり誉めたりしない。誉めることがある場合も、前もって何かで（その人を）試してから誉める。今の人々も、夏、殷、周三代のまっすぐなやり方で、やってきているからだ」

② *教えずして殺す、之れを虐と謂う。戒めずして成るを視る、之れを暴と謂う。(堯曰20-2、井波589)*

「予めそれと教えないでおいて、いきなり死刑にする。これを虐という。放任しておいていきなり実績を示せと責任を追及する。これを暴という」（金谷400）

〈解説〉
①では、人物をよく見てから十分根拠のある場合に褒めることにする。褒めるとそれで満足してそれ以上の熱心な努力をしない学生もいるからである。②では、戒めたり罰を与えたりする時には、事前によく注意したり、教えたりしてからにする。

　DA ラーニングでは、前もって学生が提出した「研究計画書」「作業工程表」などの内容の確認を通じて、教師と学生の間で1年間の活動に関する取り決めが行われる。教師はそれに従って進められたチーム活動の成果を評価し、所定の単位を付与している。これが、教師も学生も十分納得した成績評価の基本的なやり方である。したがって、途中まったく放任しておいて、最後に予期した成果がでないとチームを厳しく追及するようなことはしない。
　教師は学生の学習活動のすべての過程においてすぐ側にいて、自分の目でよく観察し、学生の活動の良いところや悪いところについてよく判断し、その根拠を十分具体的に示しながら褒めたり、注意を与えたりする。それに従って学生は自分の行動の中で直していくべきところをしっかり把握して修正し、さらに、教師の褒め言葉を受けて自分の成果と能力に対する強い自信を持つようになる。

就職活動に向かう学生への褒め言葉
　褒め言葉がもっとも重要になる局面は、学生たちが DA ラーニングの学習活動で一応の成果をあげた後に就職活動に取り組む時である。就職活動では、面接試験で大学時代に力を入れてきたことは何ですか、と必ず聞かれる。教師は、学生が自分で達成した学習活動の正しい意味付け

ができるように、できるだけ広い客観的な視点から彼らの活動の全体像を見て学生に具体的な自己認識に関してアドバイスする。自分のこれまでの学習活動に関する意味づけを十分できる学生は、面接試験などでそれを根拠にして将来への自分の夢や希望を具体的に描いて堂々と入社志望を強くアピールすることができる。

ただ、自分で自分の学習活動を十分説得的に意味付けることが難しい学生もいる。その結果、厳しい面接試験でなかなか希望の内定が得られず落ち込んでいる学生が出てくる。"君は、こんなにすごいことをやってきたんだよ" などと、具体的な根拠のある褒め言葉をかけると、学生は魔法をかけられたように立ち直っていく。具体的に強い言葉で褒められるとそれが素晴らしいことであると自分でも強く認識するようになる。自分のやり遂げた実績をもとにフレッシュな気持ちで新たな分野の就職活動に再挑戦する。面接試験では、自分の学生時代の活動について自信をもって堂々と具体的に説明ることができるようになり、それを根拠にして自分の希望する企業への強い志望をアピールすると、しばしばすぐに内定を勝ち取ることができる。

若者をうまく褒めながら元気付けるには、やはり日頃から強い関心と愛情を持ってその行動を細かく観察し、教師の中にある一定の価値基準にしたがって適切に評価し、それを根拠にして学生の心に素直に届き響くようにうまく褒めてあげることが不可欠である。

3　反省・自己評価と評価のフィードバック

学生時代の DA ラーニングで得た「人材基礎力」をさらに強化し、それをもとに大きな仕事をするためには、継続した DA ラーニングが必要になる。社会に出ると、企業の中などでいろいろな機会にチームで実践的な仕事をする機会があり、学生時代から鍛えてきた「人材基礎力」を十分に発揮して活躍することが期待される。同時に、生涯学習の一環として DA ラーニングにさらに継続して取り組むことも必要になる。

その後の実践的活動で今までの学習経験を生かすためには、学生時代の DA ラーニングの成果をフィードバックしておかなければならない。その際重要なことは、実際の経験を積み重ねたことを漠然と記憶するのではなく、意識的にしっかりと確認して記憶し、どんな時にでもその記憶をすぐに引き出せるようにしておくことである。ホームで駅員さんが

列車の出て行った後を見ながら指をさして「指差し点呼」をするように、より正確な確認・記憶のための意識付けの工夫が必要になる。

　学習経験の意識付けフィードバックが、DA ラーニングの最後の重要な作業になる。1年間の学習活動を振り返り、チーム仲間全員で話し合いながら学習活動の各プロセスにおける活動実績やその問題点について反省し議論してチーム活動に関する自己評価を行っていく。その評価結果を文章にまとめて残すことで、反省点をうまくフィードバックすると、次の段階における様々な実践的学習活動において注意すべき諸点がより明確になる。

　学習活動を終えた後に、振り返り、反省し、チェックし、意識付けして残しておくことが大事である。もちろんその反省から得られる教訓や問題点は、DA ラーニングの学習内容によって様々に違っているであろう。しかし、どのような学習作業においても、学習チームが直面した様々な難しい問題点をピックアップし、それぞれについてチームの活動状況を振り返り、うまく成功したか、失敗して修正したか、その際どこに問題があったのか、直面した問題をどのように解決したか、など具体的に検討していくべきである。これら基本的な諸点の振り返りと適切な自己評価をすることで、学修者は自分の「人材基礎力」が学習過程を通じてどのように鍛えられ、大きく伸びてきているかを、自分でも十分に確認することができるのである。

9章

就職活動と徳のある社会的行動

1節　就職活動

① 子曰く、之れを沽らん哉。之れを沽らん哉。我れは賈を待つ者也。
（子罕9－13、井波252）
「先生は言われた。売るとも。売るとも。私は買い手を待っているのだ」

② 子帳　禄を干めんことを学ぶ。子曰く、多くを聞きて疑わしきを闕き、謹んで其の余りを言えば、則ち尤め寡なし。多くを見て殆うきを闕き、謹んで其の余りを行えば、則ち悔い寡なし。言に尤め寡なく、行いに悔い寡なければ、禄　其の中に在り。（為政2－18、井波40）
「子帳が官職を得て俸給を得る方法をたずねた。先生は言われた。できるだけ多くを聞いて、疑わしいものははぶき、残ったことを口にしたなら、あやまちが少なくなる。できるだけ多くを見て、あやふやなものをはぶき、残ったところを慎重に行動すれば、後悔が少なくなる。言葉にあやまちが少なく、行動に後悔が少なければ、官職や俸禄は自然にそのなかから出てくる」

③子曰く、人の己を知らざるを患えず、其の不能を患うる也。（憲問14－31、井波434）
「先生は言われた。人が自分を認めないのは気に病まないが、自分が無能でることを気に病む」

④ 子曰く、君子は道を謀って食を謀らず。耕して餒その中に在り。学びて禄其の中に在り。君子は道を憂えて貧しきを憂えず。
（衛霊公15—32、井波477）
「先生は言われた。君子は道について考えるが、食については考えない。耕作をしていてもその中で（飢饉のために）飢えることもある。学問をしていても俸禄がそのなかから生じることもある。君子は道を心にかけるが、貧しさは気にかけない」

〈解説〉
①では、就職への強い意欲をもつことが不可欠である。曖昧な気持ちでいると結局うまく就職はできないことになる。②では、できるだけ多くの企業を見てよく話を聞いて、はっきりしないところは避け、希望のところは慎重に活動すると後悔は少ない、と具体的に就職活動のアドバイスを行っている。③では、自分の希望先の内定が得られなくてもそれは自分の力不足であり、自分が認められないことを嘆いているよりも自分の力をつけることに気持ちを振り向けなさい。同じ内容の章句で、
人知らずして慍らず（学而 1-1、伊波 2）「人から認められなくとも腹をたてない」
　④では、あまりにも就職の難しさばかり考えて悩んでいるよりも、学生として本来の大切なものである「人材基礎力」をもっと向上させるような勉強に集中するようにと諭している。

　DA ラーニングを終了した学生たちは、大学から社会生活に巣立っていく。大学の出口において考えるべきもっとも重要な課題は、これからの長い人生において大学で鍛えてきた人材基礎力を十分に開花させて活躍できる場所を見つけることである。DA ラーニングでは、人材基礎力の育成に集中してきたが、育成された人材基礎力が花開くのは実社会の場である。就職活動では、自分の人材基礎力を社会の中で生かすために、それに適した職場をどのようにして見つけていくか、さらに、どうして希望の職場の内定を取るかが、もっとも重要な課題になる。したがって、就職活動も、実践的学習活動の一環として重要な意味を持ってくる。孔子も、弟子たちの就職活動に強い関心を持って実践的な指導を行っている。
　常に考えるべきことは、長い人生において自分の潜在的能力をどのように開花・発展させるかという問題である。そのためには才能の基礎的な能力をまずしっかり鍛えておくべきである。就職試験でその才能の芽がまだ十分開花していないと判断されると、希望の職場の内定を取ること自体が難しくなる。その意味で、学生時代には自分の社会人としての基礎的な能力を懸命に鍛えていくことに主な関心を払うべきである。早くから就職活動のことばかり気にして、本来なすべき勉強に集中できないような状況は望ましくない。DA ラーニングで優れた実践的能力を習得することが、結果的に希望の道に進む可能性を大きくすることに繋がるのである。

就職活動に当たっては、まず自分自身で就職したいという強い意欲が不可欠である。大学生活で一定の終了年限がきたからただ漫然と仲間と横並びに就職活動に入る、というようなやり方は避けるべきである。自分の長い人生の中で、何故今、就職活動を始めるのかをよく考え、就職活動に対する覚悟を事前に心の中で明確にしておくことが不可欠である。このしっかりした決意がなく、曖昧な気持ちで就活に入ると、どんなに動き回っても自分の夢を叶えさせてくれるような希望の進路を開拓することが難しくなる。面接官は社会で働きたいという強い意欲のない学生など求めていない。また、長い就職活動の間には、厳しい深刻な局面にぶちあたり、学校を出て就職することへの気持ちが揺らいでしまい、ますます就職活動がうまくいかないこともある。

　教師も、教えてきた学生が強い意欲で真面目に熱心に就職活動に取り組んでいる限り、彼らの将来を考えて懸命に就職活動の支援を行うものが、必ずや助けとなるものである。

　就職活動で重要なことは、できるだけ多くの就職情報を集め、そのなかで自分にもっとも適したと思われる希望先の企業に焦点を絞って慎重に活動することである。単に有名な世間的見栄えのする会社の内定が取れればそれでよしというものではなく、自分がよく考えて十分納得できる職場に絞って、そこでの就職活動に全力を尽くすべきである。長い人生の場で自分の才能を鍛え育て生かしてくれるのが自分のこれから就職する職場であり、この与えられた職場でどれだけ自分の才能を伸ばしていくことができるかが、自分の人生の大切な問題になる。就職してもそこで自分が伸びていかなければ意味がない。

2節　社会人としての「智」「義」「仁」「礼」の行動と実力

1　社会的成功　〜富や地位

① 子曰く、富と貴きとは、是れ人の欲する所也。其の道を以ってせざれば、之を得るも処らざる也。貧しきと賎しきとは、これ人の悪む所也。其の道を以ってせざれば、之を得るも去らざる也。君子は仁を去り

て、悪くにか名を成さん。　　（里仁4-5、井波84）

「富と良い地位はだれでも欲しがるものだ。しかし、正当な方法によってそうなったのでなければそこに安住しない。貧乏と低い地位とはだれでもいやがるものだ。しかし、当然の結果としてそうなったのであれば、それを避けない。君子は仁を取りのけて名を成すことができようか」(山本60)

〈解説〉

①では、富や地位に対する強い願望など、人間の本源的な欲望を充足させたいという強い願いそのものは認めながらも、その前提として人間としての徳義を習得することの重要性を強調する。徳義の習得を犠牲にしてまで社会的な富や地位を得たいという欲望には執着すべきでない。

　孔子は「仁」の徳義の大切さをあらゆる場合に強調しており、社会的な高い富や名声を得ても、それが仁と離れたところで手に入れたものであれば、早晩自分には身につかないものとして手放すことになると述べている。それほど「仁」という人間本性の根本的な徳義は、生涯を通じて大切なものであり、それを無視していては、永続する本当の社会的な成功を期待することはできない。生涯を通じてこの真の社会的成功を実現するためには、根本的な徳義を修得する DA ラーニングがもっとも適切な学習方法になる。

　さらに、短い学生時代の学習だけでなく、長い人生において繰り返し DA ラーニングを継続することが重要になる。社会におけるボランティア活動など、継続して実践的な生涯学習に取り組んでいくべきである。

2　日々の仕事のやり方
　　〜人に先んじてやり、飽くことなく、誠心誠意専念する

① 子張　政 を問う。子曰く、之れに居りて倦むこと無く、之れを行うに忠を以てす。(顔淵12-14、井波354)

「子張が政治についてたずねた。先生は言われた。その位についている間は飽くことなくつとめ、職務を行うさいには、誠心誠意、まごころを尽くすことだ」

② 子路　政 を問う。子曰く、之れに先んじ之れを労う。益を請う。曰く、倦むこと無かれ。(子路13-1、井波368)

「子路が政治についてたずねた。先生は言われた。何事も人々に先んじてやり、人々をいたわることだ。（子路が）もう少し話してくださいと頼んだ。（先生は）言われた。飽くことのないようにしなさい」

③ 子夏曰く、仕えて優なれば則ち学び、学びて優なれば則ち仕う。（子張19－13、井波568）

「子夏は言った。出仕し役人になって余力があれば、学問をし、学問をして余力があれば、出仕し役人になりなさい」

〈解説〉
①では、ある職務についている間は、誠心誠意真心を尽くしてその仕事に専念するべきであると、仕事への取り組みに関する正しい基本姿勢について取り上げている。②では、仕事はどんなものでも率先垂範して行い、飽くことなく続け、他人に対しては労わりの気持ちで接していく。③では、社会人として仕事と学問との無理のない両立の重要性を述べている。

　企業に入っても、学生時代と同じように「人材基礎力」をよく磨き、それをもとにして仕事で優れた能力を発揮していくことが求められる。職場では、絶えず新しいことに挑戦して創造的な成果をあげ、日常生活で欲望のセルフコントロールを十分行いながら多くの人々と繋がり、仲間と温かい思いやりの心で連携協力をしていき、さらに礼節のある行動力を迅速に発揮して社会問題解決に取り組むなどの活動が重要になる。
　これらは、学生時代に人材基礎力を育成するために取り組んできた実践的な活動と基本的には同じ性質のものである。社会生活の日々の仕事でも、「智」「義」「仁」「礼」「言」をベースにして実践的な取り組みに専念していかなければならない。その時、多くの人から高い評価が得られるようになり、本人に相応しい社会的地位と報酬、最終的には優れた名声を得る可能性が大きく広がる。

3　社会での本当の実力

① 子曰く、位なきを患えず、立つ所以を患えよ。己を知る莫きを患え

ず、知らる可きことを為すを求むる也。（里仁4-14、井波94）
「地位のことを気にしない、地位にふさわしい力を持つことに気にかける。認められないことを気にしない。認められるだけのことをしようとつとめる」（山本209）
② 子曰く、人の己を知らざるを患えず、人を知らざるを患うる也。
（学而1-16、井波19）
「先生は言われた。自分が人から認められないことを気に病まず、自分が人を認めないことを気に病む」

〈解説〉
①では、他人に認められたい、いい地位に就きたい、とばかり思うのでなく、その前に自分の実力を磨きなさい。②では、自分の実力が足りないばかりに他の人の良いところを十分評価することができていないことを反省しなさい。上述の（憲問14-31、井波434）と同じ趣旨である

　社会に出て本当に頼りになる大切なものは、自分がここまでに修得した真の実力である。誰もが認める確かな実力が十分には備わっていないのに、自分の住む社会で富や地位など社会的成功を懸命に追い求めるのは本末転倒である。たとえ不遇な立場に置かれても、大切なことは自分の実力を精一杯に向上させるために懸命な努力を継続していくことである。自分の不幸を嘆いてネガティブな気持ちになり日常の精進を怠けてしまう、というような生き方をしないように自制すべきである。
　前述のように、実力があれば必ず社会的に成功するとはかぎらない。伸びて花が咲いても実をつけないものがある。
秀でて実らざる者有り（子罕9-22、井波260）。
生涯倦まず諦めることなく生涯学習に熱心に取り組み、自分の徳義の研鑽を重ね、将来登用されるその時を真剣に思って自分の本当の実力を磨き上げていかなければならない。「仁」という根本的な徳義の習得を離れて社会的成功を期待することはできないからである。

4　グローバル社会でも通用する本当の実力
〜「仁」の豊かな行動力

① 子張、行われんことを問う。子曰く、言　忠信、行　篤敬なれば、蛮貊の邦と雖ども行なわれん。(衛霊公15-6、井波457)

「子張が　思うとおりに行なわれるには、どうしたらよいか　とたずねた。孔子は言った。言忠信、行篤敬、すなわち、言葉に誠意があって信用でき、行が誠実で鄭重ならば、世界中どこでも、未開の国でも通用する」(山本266)

② 君子は敬して失う無く、人と与わるに恭しくして礼有らば、四海の内、皆な兄弟也。君子何ぞ兄弟無きを患えんや。

(顔淵12-5、井波343)

「君子たる者が慎み深く過失を犯さず、他人と丁重に正しく交わったならば、世界中の人がみな兄弟になる。君子は兄弟がないことなど気に病まないものだ」

③ 樊遅　仁を問う。子曰く、居処は恭、事を執りて敬、人と与わりて忠なれ。夷狄に之くと雖も、棄つ可からざる也。(子路13-19、井波388)

「樊遅が仁についてたずねた。先生は言われた。ふだんの振る舞いはうやうやしく、仕事をするときは敬虔に、人と交際するときは誠心誠意、まごころを尽くしなさい。たとえ異民族の国へ行っても、(この三つのことを)忘れてはいけない」

〈解説〉
①②③で、孔子は、振る舞いはうやうやしくし、仕事するときは敬虔な気持ちで心を込めて行い、他人と誠心誠意真心を込めて丁重に交わっていけば、多重文化の世界のどこに行っても多くの人々とうまく交流し、共生し、仲良しになることができると諭している。

　グローバル化が進展した結果、社会人は、多重文化社会の多様な人々と交流しながら、社会的な成功を模索していかなければならない。その時広い多重文化社会で通用するような実力の習得が不可欠である。そのためには、学問を深め、「義」と「仁」と「礼」を学んで常に正義を重んじ、思いやりに富んだ礼節のある言動をとるという日頃からの生活習慣が非常に重要になる。ヘッドワーク、ハートワーク、フットワーク、

ネットワーク・コミュニケーションなどの「人材基礎力」が十分豊かに育成されれば、どのような国際的な環境に置かれても、最大限に自分の優れた能力を発揮することができる。

5 「義」「礼」「信」「恕」と企業の社会的責任
〜ESG 投資と社会貢献

① *子曰く、君子は義に喩り、小人は利に喩る。（里仁4-16、井波96）*
「先生は、言われた。君子は義（正しさ）に敏感に反応し、小人は利益に敏感に反応する」
② *士は危きを見ては命を致す。得るを見ては義を思う。祭りには敬を思う。（子張19-1、井波557）*
「士は危機にあっては命をかけ、利益を見れば、それが正しい道理に合ったものかどうか考える。祭祀には敬虔でありたいと思う」
③ *子路　成人を問う。・・子曰く、利を見て義を思い、危を見て命を授け、久要は平生の言を忘れず、亦た以て成人と為す可し。（憲問14-13、井波414）*
「子路が完成された人物についてたずねた。・・・先生は言われた。利益を目の前にしたときは、正しいかどうかを考え、危機に遭遇したときは、命をかけ、昔の約束は、かつて口にした言葉を忘れない。そんな人は完成された人物といってもよかろう」

〈解説〉
①②③で、小人は利益に敏感であり、士や完成された人は、利益が目の前にあれば、まずそれが正しいかどうか「義」を考えて、利益を後回しにする。

　企業は、本来社会的な存在としてあらゆる機会において社会的規範を厳しく遵守していかなければならない。全社員の基本的な責務として、目の前に利益の機会があっても、それが社会的な正義に沿うものであるか常に慎重に考えることが厳しく要請されている。社会的な正義の道から逸脱した企業活動を展開して不当な利益を上げても、長い目で見ればその企業は社会的な信用を毀損し、長年の大切な顧客やステークホルダ

ーから見放されることになる。

　最近急速に企業活動に関して社会の監視の目が厳しくなり、「礼」を重んじた行儀の良い（well-behaved）企業しかこれからは生き残れなくなっている。有名な企業の絡む様々な不祥事が世界的に続発しており、それが企業規模に関係なく企業存続への致命傷になっている。

　企業の正しい社会的活動を監視するESG投資が、今現在で世界の投資のほぼ4分の1超（35兆ドル超：2020年）の巨額に拡大し、世界の企業活動に関して新たな地殻変動を引き起こす巨大なエネルギーになっている。ESG投資とは、E(環境：environment)、S(社会：social)、G(企業統治：governance)の視点から企業活動の適格性を審査して選別し、投入される投資資金である。自分の会社だけでなく、直接的な取引相手の企業や、自社の購入する部品材料のサプライチェーンに絡む多数の関連会社も含めて、E：自然環境を破壊し汚染するような生産活動をしていないか、S：（途上国などで）児童労働や過度の低賃金など反社会的な雇用体制をとっていないか、G：社員の過重労働・過度の低賃金・不当雇用慣行、虚偽申告や不透明な情報開示などブラックな企業統治をしていないか、などの問題点について厳しい審査を行い、これらの問題を抱えている企業に対して改善是正勧告を出した後、それに従わなければ、投資資金を引き揚げる。

　企業側としても、大きな規模のESG投資を受け入れようとすると、自然環境問題、社会正義の問題、企業の内部統治の問題などに全社的に本格的に取り組み、積極的に問題点を改善し、「義」「礼」「信」のある企業に生まれ変わっていかければならない。社会からの「信」を得るためには、幹部を含めて全社員が正しさ「義」に鋭く目覚めた意識の高いマネジメントを行うことが強く要求される。

　これらのケースでは、深刻な反社会的問題点の「ネガティブスクリーン」による企業審査が行われているが、さらに一歩進んで、企業が社会的にどのように貢献をしているか、社会的責任の貢献度に関する「ポジティブスクリーン」による審査も非常に重視されている。「恕」の心豊かな社員とリーダーが積極的に取り組んでいる社会的貢献度の高い企業は、それだけ一般市場の顧客だけでなくESG資金からも高い評価と信頼を得て長く生き残ることができる。

　今、多くの企業人が論語の章句の持つ深い意味や有用性を見直し、自らも日常的な企業活動の中で孔子の教えを実践していくべき時がきていると思われる。学生時代には、DA ラーニングを通じて論語の「義」

「仁」「礼」「信」を学んで目覚め、その後企業人として現場の実践的活動の中で、これらの徳義を深く取り入れた生き方や行動様式を大切にしていくべきである。

6　重い任務を負った社会生活

① 曾子曰く、士は以て弘毅ならざる可からず、任重くして道遠し、仁以て己が任と為す。亦た重からずや。死して後已む。また遠からずや。
　（泰伯8-7、井波221）
「曾子は言った。士たるものは大らかで強い意志をもたねばならない。その任務は重くて、道のりは遠いからである、仁愛の実践を自分の任務とするのだから、なんと重いではないか。死ぬまでがんばって完了するのだから、なんとはるばる遠いではないか」

〈解説〉
①では、優れた社会的リーダーとして生涯その重荷を背負って生きて行くには、自分の任務として「仁」の実践をする大きな覚悟と強い意志を持たなければならない。徳川家康も「人の人生は重荷を背負って遠き道をゆくがごとし」と述べている。

　「仁」にもとづく君子の生き方は実に重いものである。本当の社会的成功の生活には、仁愛の実践という重大な社会的な義務が伴う。それは、生涯背負っていかなければならない重い社会的任務であり、社会で成功を望むものには、死ぬまで絶えずその任務を果たすという強い覚悟と責任感、さらに、不撓不屈の忍耐心が求められている。心の知性の柔軟な学生時代からそうした生き方に徐々に慣れてよい生活習慣を形成することが、幸せな人生に導く鍵になる。

3節　個人の幸せな生活

1　友と楽しむ学びの生涯

① *子曰く、学んで時に之を習う、亦た説ばしからずや。朋有り、遠方自り来たる。亦た楽しからずや。人知らずして慍らず。亦た君子ならずや。(学而1-1、井波2)*
「先生は言われた。学んだことをしかるべきときに復習するのは、喜ばしいことではないか。勉強仲間が遠方から来てくれるのは、楽しいことではないか。人から自分が認められなくても腹を立てない。それこそ君子ではないか」

〈解説〉
①は、論語の中で最初に出てくる章句であるが、いずれも「亦た～ずや」と孔子が気軽に弟子たちと語り合う明るい雰囲気がよく出ている。学問ができる喜びや、それをもとにした仲間と交流する楽しみが得られると、人は心から満足し、自分に対する世間の評価など気にしなくなる。
　DA ラーニングを一緒に学んだ仲間は、生涯続く貴重な友になる。卒業後に遠く離れても、時にはお互いを訪問し、一緒に学んだ若い頃に帰って、学習活動の懐かしい姿を振り返ることができる。そんな得難い喜び楽しみを分かち合うことができる友人は、人生の貴重な財産である。さらに、あの頃一緒に実践した学習活動の成果をベースにして、その後お互いの社会生活の中で新たに得たものについて一緒に話し合い学び合っていくと、お互いの実力がいっそう強化拡充されていく。

2　趣味を楽しむゆとりのある生活

① *子曰く、詩に興り、礼に立ち、楽に成る。(泰伯8-8、井波222)*
「先生は言われた。『詩経』を学ぶことによって精神や感情を高揚させ、礼法を学ぶことによって自立し、音楽によって教養を完成させる」

〈解説〉
①まず『詩経』によって感情を高揚させて熱い思いを感じ、礼法を学んで社会における自分の位置をわきまえて自立し、最後に音楽によって人間の教養は完成する。

　豊かな人間性を涵養育成するためには、情操教育が重要になる。孔子の場合には音楽という趣味へ没頭が見られるが、五感の情動を豊かに刺戟するような個人の趣味を楽しむなかで、人間としての文化的教養を磨いていくと、心にゆったりと余裕のある大きな器の人間性が育ってくる。こうした情操教育を通じて人生の生き方にさらに大きな広がりと深みが増してくる。

3　「足るを知る」シンプルな日常生活

① 子曰く、士　道に志して、而も悪衣悪食を恥ずる者は、未だ与に議るに足らざる也。(里仁4-9、井波90)
「先生は言われた。道に志す士でありながら、粗末な衣服や食物を恥ずかしがる者は、まったく問題にならない」

② 子曰く、疏食を飯らい水を飲み、肱を曲げてこれを枕とす。楽しみは亦た其の中にあり、不義にして富み且つ貴きは、われに於いて浮雲の如し。(述而7-15、井波189)
「先生は言われた。粗末な食事をとって水を飲み、ひじをまげて枕にする。そんな暮らしのなかにも、楽しみはある。不正な手段で得た富や高い地位は、私にとっては空に浮かぶ雲のようなものだ」

③ 子曰く、賢なるかな　回や。一箪の食、一瓢の飲、陋巷に在り。人は其の憂いに堪えず。回や其の楽しみを改めず。賢なる哉　回や。(雍也6-11、井波152)
「先生は言われた。えらい男だな、顔回は。弁当箱に一杯のご飯、ひさごのお椀に一杯の飲み物だけで、狭い路地裏に住んでいる。ふつうの人間ならうんざりして耐えられないが、顔回はその暮らしの楽しさを改めようとはしない。えらい男だよ、顔回は」

④ 子貢曰く、貧しくても諂うこと無く、富んで驕ること無きは、如何。子曰く、可也。未だ貧しくして楽しみ、富んで礼を好む者に若か

187

ざる也。(学而1-15、井波17)

「子貢が言った。貧しくても卑屈にならず、金持ちでも高ぶらないというのは、どうでしょうか。先生は言われた、それもよいが、貧しくとも楽しく暮らし、金持ちであって礼を好む者には及ばないだろう」

⑤ 子曰く、約を以て之れを失う者は、鮮し。(里仁4-23、井波101)

「先生は言われた。引き締まったひかえめな暮らしかたをしていれば、失敗することは少ない」

〈解説〉

①では、粗末な衣服や食事を恥ずかしがようでは、「仁」を志す人ではない。②では、不正なことまでして地位やお金を得るよりも、乏しい衣食住の生活に満足する方がよい。③その例として、弟子顔回の非常に貧しい暮らしぶりを描いている。顔回は「足るを知る」ことで満ち足りた楽しさを得ている。極端に粗末な貧困生活の中で日々楽しく充実した托鉢生活を送っていた良寛和尚もこの良い例として挙げられよう。

④では、貧しくても楽しく暮らす生活を賞賛している。

貧しくして怨む無きは難く、富んて驕る無きは易し (憲問14-11、井波412)。「豊かだと驕ることを避けることは容易にできるが、貧しいとつい恨み言を言ってしまう」。

貧しくても心楽しく生きるようにと諭している。

⑤では、一般論として控えめなつつましい生活ぶりを勧めており、そうした生活で失敗することはない。

　どんな貧しい粗末な暮らしの中にも、それなりに心の豊かさを感じるものがあり、自分で十分満足した生活を送ることができる。社会に出て不正なやり方で高い地位や富を手に入れようとしなくても、「仁」を大切にしたシンプルな日常の暮らしの中に楽しみがあるからである。これは仏教の足るを知る「知足」の生活の勧めと基本的には同じ考えである。

参考文献

井波律子訳　　　『完訳　論語』　岩波書店　2016 年

貝塚茂樹　　　　『孔子　孟子』　中央公論社（世界の名著）　1966 年

加地伸行　　　　『論語』　　　　講談社　2014 年（14 刷）

金谷治訳注　　　『論語』　　　　岩波書店　2001 年（4 刷）

桑原武夫　　　　『論語』　　　　ちくま書房　1985 年

斎藤孝　　　　　『論語』　　　　ウエッジ　2016 年（6 刷）

佐久協　　　　　『高校生が感動した論語』　祥伝社　2011 年（27 刷）

渋沢栄一著・竹内均編　『論語の読み方』　三笠書房　2004 年

下村湖人　　　　『論語物語』　　講談社　2014 年（59 刷）

白川静　　　　　『孔子伝』　　　中央公論新社　1999 年（9 刷）

田中拓男　　　　『マザー・テレサに導かれて愛をつなぐ奉仕活動』
　　　　　　　　　　　　　　　　リーブル出版　2022 年

田中拓男　　　　『アクティブ・ラーニング』
　　　　　　　　　　　　　　　PLATINUM ZONE　2015 年

田中拓男　　　　『開発論　こころの知性』　中央大学出版部　2006 年

田中拓男　　　　『若者たちのキャンパス革命』　文真堂　1998 年

田中拓男　　　　『アジア経済の発展経路　計量的分析』　文真堂 2000 年

戸部・寺本・鎌田・杉之尾・村井・野中『失敗の本質』中公文庫 2017 年

宮崎市定　　　　『論語』　　　　岩波書店　2000 年

安岡正篤　　　　『論語に学ぶ』　PHP 文庫　2012 年（13 刷）

山本七平　　　　『論語の読み方』　祥伝社　2008 年

吉川幸次郎　　　『論語』　　　　朝日選書　1996 年

渡邊美樹　　　　『使う！論語』　三笠書房　2010 年

著者紹介

田中 拓男
中央大学名誉教授（専攻；国際経済学、開発経済学、国際経営学、計量
経済学）
takuotanaka@gmail.com

経歴
１９３７年和歌山県白浜町に生まれる。慶応義塾大学経済学部・同大学
院経済学研究科博士課程を経て中央大学経済学部に奉職し、同大学院経
済学研究科委員長などを歴任して２００８年に定年退職する。

主要著書
『日本企業のグローバル政策』、『日米の経済発展』、『アジア経済の発展
経路』、『国際貿易と直接投資』、『開発論―心の知性』、『世界経済の発展
と国際協力』（編著）、『若者たちのキャンパス革命』『アクティブ・ラー
ニング』などを含め、専門論文多数。近刊書『マザー・テレサに導かれ
て愛をつなぐ奉仕活動』。

外部活動
　日本貿易振興機構（JETRO）／アジア経済研究所、三菱経済研究所／
三菱総合研究所、日本生産性本部、大蔵省（現財務省）や外務省などの
官庁関係機関などのシンクタンクを舞台に国内外の現地調査を繰り返し
実施し、大型計算機で多様な社会経済問題に関する計量的なモデルビル
ディングおよび仮説検定の分析作業と政策提言を行った。
　東日本大震災以降は「被災地の子どもたちにクリスマスカードを届け
よう！」プロジェクト代表として、日本および世界の各地と被災地３県
とを結んだ支援活動を展開している。１２年間で世界７０ヶ国および日
本各地より届いた２８万通のクリスマスカードを被災地の小学校（累
計）１４００校余の全児童に配布した。

論語に導かれて　　創造的チームラーニング

２０２３年７月１日　初版発行

著者　　　田中　拓男
発行者　　坂本　圭一朗
発行所　　リーブル出版
　　　　　〒780-8040 高知県高知市神田 2126-1
　　　　　TEL：088-837-1250
　　　　　E-mail：net@livre.jp
　　　　　WEB：https://livre.jp
編集　　　西窪　彩恵　　株式会社 PLATINUM ZONE
　　　　　〒343-0023 埼玉県越谷市東越谷 6-22-19
　　　　　TEL：048-962-3610
　　　　　E-mail：contact@platinumzone.co.jp
　　　　　WEB：https://platinumzone.co.jp
編集協力
　　　　　アルマ書房
　　　　　〒562-0022 大阪府箕面市粟生間谷東１丁目 30-4-102
　　　　　TEL：050-3350-3534
　　　　　E-mail：info@almadesign.biz
　　　　　WEB：https://almadesign.biz
装丁　　　堀　ひろみ
印刷・製本
　　　　　モリモト印刷

　　　　　ISBN978－4－86338－382－1

本書の無断複写複製は著作権法上での例外を除き禁じられています。